京王電鉄
昭和～平成の記録

解説 辻 良樹

JN081498

地上時代の聖蹟桜ヶ丘駅を発車する新宿～高幡不動間の行先表示を掲げた2000系の特急。カルダン駆動の音を響かせながら走り去って行く。手前に写るのはデハ2056で八王子方。当時の中河原～聖蹟桜ヶ丘間は、多摩川橋梁の複線化がまだで単線であった。◎聖蹟桜ヶ丘　1957（昭和32）年10月　撮影：長谷川 明

.....Contents

春の井の頭線を行くオールステンレス車の3000系。緑豊かな森に咲く桜を愛でながらの撮影のひとときは、春の井の頭線の楽しみのひとつ。ちょうど、サーモンピンクの正面色をまとった3000系がやってきた。
◎池ノ上〜駒場東大前　1996（平成8）年4月　撮影：園田正雄

はじめに

　新宿と八王子の直通運転を実現した京王電気軌道がルーツの京王電鉄。大東急時代を経て終戦後に井の頭線が加わり京王帝都電鉄になり、現在は京王電鉄である。

　開業当初の京王線の沿線は、新宿、府中、八王子を除けば目立った市街地が無く、調布の町も前者とくらべればさほど大きくはなかった。路面電車と変わらぬ車両が甲州街道沿いの町外れをひた走り、旧来からの宿場町にくらべて駅周辺は寂しいものであった。

　関東大震災後に都心から沿線への移住が始まったが、本格化するのは終戦後で、戦時中に都心の家屋を焼け出された人々が郊外に新天地を求めてやってきた。そして、高度経済成長期が訪れ、東京一極集中の加速により沿線人口が急増していった。

　昔の地形図では閑散としていた関戸駅（現・聖蹟桜ヶ丘駅）付近に今や京王電鉄の本社があり、日野市や八王子市南部の沿線も宅地で埋まり、都心寄りのかつての郊外であった世田谷区の各駅は連続立体交差事業によって新時代を迎えようとしている。一方、当初から都市交通のスタイルだった帝都電鉄由来の井の頭線や多摩ニュータウンの開発にともない開通した相模原線は、前者とはまた異なった発展の経緯が見られる。

　全線各所の移り変わりを写真で楽しめるのが、この本の魅力であり、オールドファンの方々が撮影されてきた軌跡だ。そして、沿線の歴史資料でもあると思う。

2023年1月　辻 良樹

準特急高尾山口行に運用される7000系。7000系は京王線初のオールステンレス車。各駅停車用として1984（昭和59）年から製造されたが、後に種別限定のない運用になった。写真はリニューアル工事施工、VVVFインバータ制御化が施されてからの7000系で、10両編成増加にともなう編成の組み替え後の姿。京王八王子方の制御車クハ7750形クハ7779が先頭車である。
◎平山城址公園　2017（平成29）年2月26日

1章

カラーフィルムで記録された
京王電鉄

1996（平成8）年12月1日に行われた5000系のさよなら運転。事前応募による臨時で運行され、若葉台発着による新宿、京王多摩センター経由であった。このさよなら運行に際して、写真のようにクハ5722に5000系デビュー当時に存在したヒゲを復活させた。◎笹塚　1996（平成8）年12月1日　撮影：長谷川 明

京王線、高尾線

5000系が本線で運用されていた頃の新宿駅で京王八王子行が写る。5000系と新宿駅の地下駅は長い付き合いで、5000系の登場と新宿駅の地下化は同じ1963（昭和38）年だった。地下化当初は18m級車6両に対応した5面4線だったが、改良工事を繰り返して、1982（昭和57）年に20m級車10両に対応した3面3線になった。
◎新宿　1993（平成5）年10月　撮影：山田虎雄

地上駅時代の幡ヶ谷駅で新宿寄りから見たところ。建物が周辺に密集する都市の中にあった駅で、プラットホームの上屋や支柱、樹木などに懐かしい雰囲気を感じる。同駅は、写真の10日後の10月31日に京王新線の地下駅へ移転した。
◎幡ヶ谷　1978（昭和53）年10月21日　撮影：安田就視

都営地下鉄新宿線新宿〜岩本町間開業日の写真。右は直通の記念マークを付けた京王6000系で岩本町行。都営新宿線は岩本町の先、東大島まで1978（昭和53）年12月に開業していたが、両数の制限で当時の京王車は岩本町までの直通運転だった。左は豪華な花飾りを付けた祝開通マーク付の都営地下鉄10-000形。
◎笹塚　1980（昭和55）年3月16日　撮影：長谷川 明

1990（平成2）年3月30日に相模原線南大沢〜
橋本間が開業して全線開通。写真は京王鉄道友
の会による祝賀ヘッドマーク。
◎笹塚
1990（平成2）年4月1日
撮影：長谷川 明

乗り入れの都営地下鉄10-000形3次車。
3次車からは軽量オールステンレス車体
となり、側面窓がバランサー式一段下降窓
になった。行先表示は本八幡。1989（平
成元）年3月に篠崎〜本八幡間の開業に
よって都営地下鉄新宿線が全線開通した。
◎笹塚
1994（平成6）年3月
撮影：園田正雄

1980（昭和55）年3月16日に都営地下鉄新宿線新宿〜岩本町間が開業を迎え、相互直通運転を開始した。写真は相互直通運転開始の前日撮影のようで試運転の表示が見られるが、すでに記念の花飾り付ヘッドマークを装着している。6000系は地下鉄乗り入れ対応で設計されていた。◎笹塚　1980（昭和55）年3月15日　撮影：長谷川 明

撮影の年にオールステンレス車体の7000系が登場するが、当時はまだ各駅停車を中心に5000系の運用が多く、新宿〜京王八王子間の各駅停車で運用されるシーンもよく見ることができた。相対式ホームの代田橋駅だが、現在工事中の連続立体交差事業によって駅が高架化され、島式ホーム1面2線へ変わる予定だ。
◎代田橋　1984（昭和59）年7月15日　撮影：荻原二郎

2010系は、2000系の全電動車方式から脱却して経済的な運行を可能にした。写真は、デハ2010形デハ2017が手前に写る京王八王子行。ライトグリーンの塗色からグリーン車と通称された車両にも、そろそろ終わりの時期が近づいていた頃で、翌年には2010系がさよなら運転を行い、京王からグリーン車が無くなった。
◎明大前　1983（昭和58）年8月28日　撮影：荻原二郎

1972（昭和47）年に抵抗制御の初期編成が登場した6000系。写真は1970（昭和45）年に高架化された八幡山駅を通過する急行新宿行。6000系と言えば特急のイメージが強いが、写真当時の特急は7両編成の5000系で、6両編成だった6000系は6両編成の急行用であった。後の8両編成化によって特急運用へ広がってゆく。写真手前は八王子方の制御車でクハ6750形クハ6752。初期の先頭車に採用された集約分散式冷房装置が写る。当初の行先・種別装置あたりの塗装は黒にアイボリーの線引きがあったが、後の塗装では横一列黒のみになる。ちなみに、この当初の塗り分けは後の復刻塗装車で再現された。
◎八幡山　1972（昭和47）年　撮影：園田正雄

急カーブにプラットホームがある下高井戸駅。停車中の各駅停車の乗務員が足を広げてプラットホームと車両の間を跨いで
いるのがわかる。急カーブ上にあるので、通過列車は速度制限により減速をしながら通過しなければならない。
◎下高井戸　1980（昭和55）年3月10日　撮影：矢崎康雄

つつじヶ丘駅で顔をあわせた各駅停車どうし。7000系は各駅停車用として製造が開始された形式のため、種別を限定しない
運用に変更される前は各停の電車というイメージだった。写真当時は、7000系の製造が続いていた頃で、左側に写るのは、
1987（昭和62）年竣工のクハ7750形クハ7771である。正面上や側面上にも赤帯が見られた。ビードプレス車体で、前面の
幌枠や渡り板を無くし、角部分のカバーにFRPを採用、クリーム塗装となり、従来の7000系とは印象が異なる。
◎つつじヶ丘　1987（昭和62）年　撮影：荻原二郎

高層の鉄柱架線柱が、昔の京王線を物語るひとつの鉄道風景だった。当時、アイボリーとえんじ色の車両は優等列車のイメージで、もっぱら各駅停車と言えばライトグリーンに塗られた通称「グリーン車」であった。
◎仙川〜つつじヶ丘　1969（昭和44）年8月17日　撮影：矢崎康雄

特急表示を誇らしく掲げて走る5000系の特急京王八王子行。5723編成で分散型の冷房装置が備わっている。当時、ロングシートの通勤形としてはとても有難いサービスであった。写真左側で分岐する路線は京王多摩川方面。写真右側にはカラフルなカラーテレビの看板が見える。◎調布　1970年代初期　撮影：荻原二郎

8000系の特急新宿行。写真は旧塗色時
代。京王初のVVVFインバータ制御車で、
1992（平成4）年から製造された。ステ
ンレス車体が印象的だが、やや曲面が
かった前面部は普通鋼製。側面窓に2連
ユニット窓を採用している。写真は新宿
寄りから4両編成＋6両編成の10両編
成。当時は高幡不動駅で分割・併合して
おり、4両編成が高尾山口から、6両編
成が京王八王子からの編成だった。
◎中河原〜聖蹟桜ヶ丘
1994（平成6）年3月
撮影：園田正雄

多摩川橋梁で6000系とすれ違う新宿行
を後追い撮影したもの。5000系列の廃車
が進んでいたころの撮影で、4両＋3両
の編成の見納めも近づきつつあった。翌
年になるとさらに廃車が進み、最終的に
は4両編成×2の8両編成のみとなった。
◎中河原〜聖蹟桜ヶ丘
1994（平成6）年3月
撮影：園田正雄

2010系新宿行。2010系2次車で、2灯シールドビームの導入、行先表示幕器の設置、アルミサッシによる窓枠といった変化が見られた。高幡不動駅の前後には、百草園駅や南平駅があり、いわゆるグリーン車と呼ばれた電車たちが各駅に停車しながらのんびり走っていた。
◎高幡不動付近
1971（昭和46）年11月
撮影：園田正雄

5000系4両編成＋5100系3両編成による急行新宿行。5000系列の冷房装置は分散型と集中型の両方が採用されたが、写真の5000系4両編成は集中型。半世紀以上前の沿線風景が写り、当時の日野市の沿線は、このような未開発地も広がっていたが、現在は宅地化によって姿を変えた。
◎高幡不動付近
1971（昭和46）年11月
撮影：園田正雄

北野を出て高尾線の築堤を走る5000系各駅停車の高尾山口行を後追い撮影。高尾線は線内折り返し運用を含めて5000系を比較的多く見られる路線だった。築堤でアンダークロスするのは、片倉〜八王子間の国鉄横浜線である。
◎京王片倉〜北野　1983（昭和58）年　撮影：安田就視

写真手前からクハ1203＋デハ1403（2代目）の2両編成。井の頭線から転出した車両で、クハ1203は戦災復旧車の改番、デハ1403は戦災を免れた車両の改番車。高尾〜高尾山口間の単線区間を2両で走る姿は、まるで地方私鉄のような雰囲気だ。
◎高尾〜高尾山口　1970（昭和45）年4月24日　撮影：安田就視

高尾〜高尾山口間には2つのトンネルがあり、山の中を進む。写真のトンネルは高尾山口寄りの高尾第二トンネル。1967（昭和42）年に井の頭線から転出したデハ1800形デハ1802が前照灯を灯しながら顔を出したところ。
◎高尾〜高尾山　1972（昭和47）年9月10日　撮影：安田就視

横浜線と並ぶ京王線。写真奥が八王子市の中心市街地で、京王八王子行の2010系が走り去って行く。この先で京王線は、中央線と八高線をアンダークロスする。一方、横浜線は左へカーブして八王子駅へ。当時の横浜線は単線。相原〜八王子間の複線化は1988（昭和63）年だった。◎北野〜京王八王子　1983（昭和58）年11月13日　撮影：安田就視

相模原線、動物園線

自然豊かな多摩丘陵に敷設された相模原線を行く6000系。多摩動物公園でのコアラ公開を記念したデザインが前年から期間限定で施されていた。沿線は、京王多摩センター駅まで開通してから11年足らずの頃の様子。若葉台の新興住宅地は東京都稲城市にあり、若葉台駅は神奈川県川崎市麻生区に所在する。
◎若葉台付近
1985（昭和60）年３月
撮影：園田正雄

写真右奥が稲城駅。稲城駅を過ぎると、左へ大きくカーブを描きながら南下して若葉台方面へ向かう。写真は国鉄武蔵野線の貨物線と交差した後、住宅地の中を駆ける6000系。右側の畑は現在では宅地化されているが、今も静かな住宅地が広がっている。
◎稲城〜若葉台
1984（昭和59）年4月
撮影：安田就視

終着駅時代の京王よみうりランド駅。撮影の年の10月に京王多摩センターまで開業したことで途中駅になった。6000系快速新宿行が写る。駅の雰囲気は2面4線のような構造だが、プラットホーム延伸時にスペースを使ったために4線化されることはなく2線のままである。◎京王よみうりランド　1974（昭和49）年3月1日　撮影：安田就視

竣工後間もない頃の真新しい7000系が走る。調布行で、クハ7700形7703は新宿寄りの制御車。寺院の境内には春らしい桜並木がつづく。背景には開発途中の山林が写り、宅地造成が進む様子が写っている。
◎稲城～京王よみうりランド　1984（昭和59）年4月　撮影：安田就視

都営地下鉄新宿線は1989（平成元）年3月19日に篠崎〜本八幡間が開業。全線開通した。写真はその記念ヘッドマークを掲げて走る都営地下鉄10-000形。3次車以降では、軽量オールステンレス車体になり、バランサー式一段下降窓になった。
◎若葉台
1989（平成元）年3月21日
撮影：荻原二郎

京王永山駅は、1974（昭和49）年10月の京王多摩センター駅までの開通時に開業した駅。写真は、1990（平成2）年3月30日の相模原線全線開通の日。南大沢〜橋本間の開業により全通した。相模原線全線開通を祝うヘッドマークを掲げた6000系が写り、都営地下鉄新宿線乗り入れの快速大島行である。
◎京王永山
1990（平成2）年3月30日
撮影：荻原二郎

多摩動物公園発新宿行の6000系急行が発車して行くところ。その先には動物園線の単線がつづく。かつては新宿〜多摩動物公園間を直通する急行が運行されていたが現在は廃止され、2021（令和3）年3月からは、京王線と直通する定期列車の運行もなくなり、線内折り返し運行のみに切り替わっている。
◎多摩動物公園
1984（昭和59）年3月
撮影：安田就視

井の頭線

サーモンピンクのFRP前面と桜と菜の花のコラボレーション。色とりどりの前面FRPとの取り合わせもまた楽しい。急行吉祥寺行。井の頭線では比較遅くまで急行表示を横に掲げていたが、吉祥寺駅での取り付け取り外しの手間から、写真のように行先表示器内の表示にあわせて示すようになった。
◎駒場東大前〜池ノ上　1991（平成３）年４月９日　撮影：安田就視

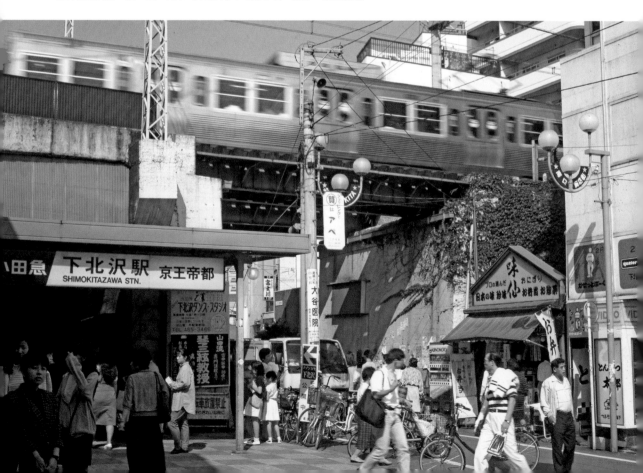

付随車化の旧車を挟んだデハ1900形。2700系の井の頭線版で、高性能車である初代1000系のような2枚窓の湘南スタイルではあるものの、吊り掛け駆動の旧性能車であった。すでにオールステンレス車体の3000系はデビューしていた頃だが、当時はまだまだ旧型車が多く在籍していた。◎明大前　1963（昭和38）年8月3日　撮影：荻原二郎

井の頭線の高架橋が丸見えのところにあった在りし日の北口の様子。出入口には京王と小田急の名が仲良く並んでいた。井の頭線のプラットホームは写真の高架橋につづく位置にあるが、北口と異なり西口は高台に位置し、西口は地上と接している。現在、北口は廃止され、京王と小田急にそれぞれの中央口が新設されている。
◎下北沢　1988（昭和63）年10月1日　撮影：安田就視

サーモンピンクの前面部が斬新だったカラー選択。3000系はステンレス車ではあるが、前面上半分はステンレス加工では表現できないために強化プラスチックによるFRPを採用した。写真奥ではマンションが建設中である。後のモノクロ写真を見ると、建設中のマンションは出来ており、このマンションの前にもマンションが建ち、写真左側に写る材木店が無くなっている。◎明大前　昭和40年代　撮影：長谷川 明

3000系４両編成。3000系は1962（昭和37）年から登場した形式で、写真を見ると翌年以降に登場した編成で採用された両開き扉が見られる。オールステンレス車で、京王線には当時ステンレス車がなかったため上京したての人は、井の頭線を同じ京王帝都電鉄の路線とは思わなかったというエピソードも聞く。
◎明大前　昭和40年代　撮影：長谷川 明

3000系5両編成による急行渋谷行。正面表示器の幕に急行が入り、急行表示板はすでに廃止されていた。デハ3100形のパンタグラフが渋谷側に付いており、従来投入編成の吉祥寺側とは異なり、1975（昭和50）年度投入以降の編成で見られた。先頭車前寄りに「KEIO」のロゴマークが見られる。
◎高井戸 1994（平成6）年3月　撮影：園田正雄

リニューアル改造後の3000系。正面窓に大型の曲面ガラスを採用することで、側面まで窓が回り込み、印象を大きく変えた。また、前面の強化プラスチックによるFRPを外し、普通鋼製へ取り換えている。側面のラインは、淡い色との2つの色合いになり、座席のバケットシート化が図られた。
◎高井戸　1996（平成8）年4月13日　撮影：長谷川 明

京王電鉄からの譲渡車たち

【上毛電気鉄道 上毛線】
菜の花が咲く沿線風景を走る上毛電気鉄道の700型。700型は1998(平成10)年〜2000(平成12)年の間に譲渡された元京王3000系で8編成。それぞれ正面カラーが異なるためカラフルな色合いを楽しめる。
◎2017(平成29)年4月23日

【銚子電気鉄道線】
銚子電気鉄道2000形(デハ2000形＋クハ2500形)は、京王5000系の譲渡車ではなく、元京王2010系→伊予鉄道800系を譲渡された車両だが、クハ2500形の前面は京王5000系を彷彿とさせる形状になっている。なお、京王5000系列の元京王5100系→元伊予鉄道700系も3000形として在籍している。
◎2019(平成31)年1月1日

【岳南電車 岳南鉄道線】
岳南電車7000形7001は、元は京王3000系デハ3100形両開き扉車で、京王重機整備で両運転台改造してある。1996(平成8)年12月に竣工、営業運転開始は翌年3月だった。2016(平成28)年3月、井の頭線時代をイメージしたカラーになって登場。人気を得ている。
◎吉原
2017(平成29)年1月8日

【富士急行線】
京王5000系の増結用編成5100系を譲受した富士急行1200形。元京王5100系は1000形と1200形に分かれるが、1000形はロングシート、1200形はクロスシートを備える。写真手前に写るのは、富士急行リバイバルカラーの1200形1302＋1202。6000系投入により2020（令和２）年に除籍されている。なお、富士急行は2022（令和４）年３月から富士山麓電気鉄道になった。
◎2018（平成30）年9月23日

【アルピコ交通 上高地線】
アルピコ交通3000形。京王3000系が1999（平成11）年〜翌年に譲渡された。中間電動車にパノラミックウィンドウのマスクを取り付け、白地にカラフルな模様が特徴。4編成が在籍したが、東武から譲渡された中間車改造車20100形が2022（令和４）年から運用を開始し、同年11月に3001＋3002の１編成が引退した。
◎新島々
2019（令和元）年７月25日

【北陸鉄道 浅野川線】
北陸鉄道へは、1996（平成８）年から京王3000系の譲渡が始まり、2006（平成18）年までに３回譲渡が行われた。写真の8000系が浅野川線で、7700系が石川線。8000系は03形へ置き換えが進む予定である。
◎蚊爪〜粟ヶ崎
2015（平成27）年８月８日

【一畑電車 北松江線】
一畑電車2100系。1994（平成6）年に登場し、一畑電気鉄道（現・一畑電車）にとって初のカルダン駆動や冷房付き車両の導入になった。4編成のうち、写真は京王5000系時代を再現した塗装だった2101編成。現在はデハニ50形風のオレンジと白帯の塗装になっている。
◎松江しんじ湖温泉
2018（平成30）年

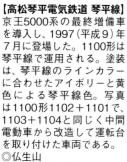

【高松琴平電気鉄道 琴平線】
京王5000系の最終増備車を導入し、1997（平成9）年7月に登場した。1100形は琴平線で運用される。塗装は、琴平線のラインカラーに合わせたアイボリーと黄色による琴平線色。写真は1100形1102＋1101で、1103＋1104と同じく中間電動車から改造して運転台を取り付けた車両である。
◎仏生山
2018（平成30）年6月15日

【伊予鉄道 高浜線】
伊予鉄道3000系。2009（平成21）年度から導入し、改造によってVVVFインバータ制御を搭載する。写真はアイボリーだが、新塗装のオレンジ塗装が登場。なお、伊予鉄道の架線電圧は1500Vではないため、降圧して使用している。
◎港山〜梅津寺
2018（平成30）年6月15日

2章
モノクロフィルムで記録された
京王電鉄

1927 (昭和2) 年の新宿ビルディング竣工とともにビルの1階に駅が設けられて移転。頭端式のターミナル駅であった。京王新宿の駅名へ改称後、1945 (昭和20) 年の終戦前に新宿西口の地へ駅が移転した。写るのは、クロスシートを備えた150形の160で急行東八王子行。◎四谷新宿　1937 (昭和12) 年頃　撮影：杵屋栄二

京王線、競馬場線、動物園線

地上時代の新宿駅。終戦の少し前に移転してきた駅で、資材不足の時代に建設された駅のため、バラック造りのような駅だった。この雰囲気は駅の地下化で解体されるまでほぼ同様であった。桜ヶ丘とあるのは、聖蹟桜ヶ丘駅が最寄り駅の桜ヶ丘のことで、戦前から続く桜の名所として昔は知られていたが、後にこの看板の桜ヶ丘は多摩動物公園へ差し替えられる。野猿

峠は宅地開発前に人気だった沿線一押しのハイキングコース。高尾山とあるが、現在のように高尾線はなく、バスに乗り換える必要があった。◎新宿　1954（昭和29）年4月　撮影：毎日新聞社

2150形が写り、ダブルルーフの古風な印象。2150形は110形の改良型150形として昭和初期に登場。当初はクロスシートで２扉車だったがロングシート化され、戦中に３扉化を行った。後に中間車改造されて2000系や2010系の付随車となった車両もあり、写真のデハ2156もその１両で、サハ2557になった。◎新宿付近　1954（昭和29）年11月　撮影：竹中泰彦

写真当時のニューフェイスだった2700系が併用軌道の踏切を行く。写真は登場翌年に撮影されたもの。2700系は1953（昭和28）年に登場し、京王線初の17m級車となった。前面2枚窓のスマートな車体ながら旧型車で、当時の軌道の軸重を考慮して、軽量で車体を大型化できる高張力鋼を採用した。◎新宿付近　1954（昭和29）年10月　撮影：竹中泰彦

新宿の併用軌道を14m級半鋼製車が走る。写真左側から2150形、2110形、2400形で、似通った性能どうしの14m級車が混結編成を組んだ。2000の位は大東急へ合併の時に付いたもの。京王帝都の社章やK.T.Rの文字が見られる。窓の保護棒が併用軌道を行く電車らしい。
◎新宿付近
1954（昭和29）年10月
撮影：竹中泰彦

デハ2200形デハ2205が写る。デハ2200形は1934（昭和9）年に京王電気軌道が200形として製造。戦中に京王が大東急入りした際に2000の位が付いた。写真のデハ2205は戦災復旧車で、従来の車体は解体され、新造車体を載せている。後にサハへ改造されるため、写真は在りし日のデハ時代の記録だ。◎新宿～初台　1956（昭和31）年1月　撮影：園田正雄

デハ2300形デハ2305。元は1936（昭和11）年に京王電気軌道が製造した300形。2000の位は東急（大東急）への合併に際して京王の車両に付いたもの。デハ2305もデハ2200形デハ2205と同じく空襲による戦災復旧車で、従来の車体は使い物にならないほど損傷したため、新造車体を載せて復旧させた。こちらも後にサハ化されている。
◎新宿～初台　1956（昭和31）年1月　撮影：園田正雄

軽量化を図った高張力鋼車体による2700系がカーブを描きながら併用軌道を行く。デハ2723は1956（昭和31）年製造の4次車で上昇式の側面窓が並ぶ。写真翌年の新宿駅地下化や架線電圧1500Ｖへの昇圧に向けてヘッドライトの２灯化やパンタグラフの連結面移設が行われる前の姿である。◎新宿〜初台　1962（昭和37）年　撮影：西原 博

併用軌道を走るデハ2400形2402。京王電気軌道400形として1940（昭和15）年に製造されたうちの１両。ドアステップ撤去時にステップ用の裾の出っ張りも撤去されている。２灯化された前照灯がいかにも後付けっぽい印象だ。デハ2400形2402は、サハへの改造はなく両運転台車のままだったグループの１両。右の商店を一見すると３階建て相当のビル建築のように見えるが、外側を立派に見せるいわゆる看板建築であり、昔はよく見掛けた。
◎初台〜新宿　1962（昭和37）年　撮影：西原 博

デハ2125形デハ2126。京王電気軌道125形として日本車輌にて1933（昭和8）年に製造されたうちの1両。戦後、高幡不動で火災に遭い、車体を復旧した際に乗務員扉を設置したことで、両端の乗降扉の位置が変わり、他車とは少し異なる印象であった。◎新宿付近　1960（昭和35）年1月7日　撮影：荻原二郎

1963（昭和38）年4月1日に新宿駅が地下化し、600m先までの地下化も行われ、用なしとなった地上の新宿駅や軌道の撤去が進められた。写真奥が大屋根で覆われていた新宿駅で、すでに架線や架線柱、架線の鉄骨の撤去が写真手前まで行われ、撤去を待つ線路上に重なり合うように並んでいる。◎新宿　1963（昭和38）年4月4日　撮影：荻原二郎

地下化されて久しい区間の懐かしい地上時代のひとコマ。背景の円型ビルの校舎は文化服装学院。やってきた1両きりの電車はデハ2400形デハ2403で、荷電こと荷物電車。京王線用の荷物専用電車はデニ201の1両しか在籍していなかったことから、しばしば旅客用の14m級車が荷物輸送で運用された。
◎新宿〜初台　1961（昭和36）年12月　撮影：園田正雄

デハ2200形2202ほか。デハ2200形は、京王電気軌道200形として2扉車で製造されたが後に3扉化を行った。写真のデハ2202は被災を免れた車両で、戦後に車体を新造して復旧した車両とは異なり、ドアステップ装備時代の裾の出っ張りが残っていた。路面上の低いホームでの乗降用に可動するステップが付いていた名残だったが、後のサハ化でこの部分の切り落としが行われた。◎新宿〜初台　1961（昭和36）年12月　撮影：園田正雄

京王初の高性能車2000系の急行新宿行で後追い撮影。モノコック車体の特徴である丸みを帯びた姿がよくわかる。手前に写るのはデハ2057で1958（昭和33）年製の八王子方制御電動車。写真から車の混雑具合が伝わってくる。1963（昭和38）年に新宿駅から600mの新宿界隈が地下化、翌年に新宿〜初台間が地下化された。
◎初台〜新宿　1961（昭和36）年頃　撮影：吉村光夫

写真手前が京王の新宿駅で荷物電車のデニ201が写っている。その向こうに見える跨線橋やホームが小田急、長めのホーム上屋が並ぶのが国鉄。写真中ほどに甲州街道の陸橋があり、南口の駅舎が写り、国鉄の跨線橋や私鉄の連絡橋がつながっている。京王の新宿駅から線路は右に進み甲州街道へ出ていた。
◎新宿　1960（昭和35）年

写真は地上駅時代の駅舎で、歴史を感じさせる駅舎が建っていた。初台駅の地下化は1964（昭和39）年。写真はその前年撮影で、地下化工事にともなう仮設の地上ホームへの移転などもあり、地下化工事とあわせて目まぐるしく変化した過渡期であった。◎初台　1963（昭和38）年4月4日　撮影：荻原二郎

駅の地下化を前に工事のために仮設の島式ホーム1面が設置されていた時の一枚。仮設ホームになる前は相対式ホーム2面だった。翌月に駅が地下化されたが、地下駅はその後の京王新線初台駅とは異なる。
◎初台　1964（昭和39）年5月31日　撮影：荻原二郎

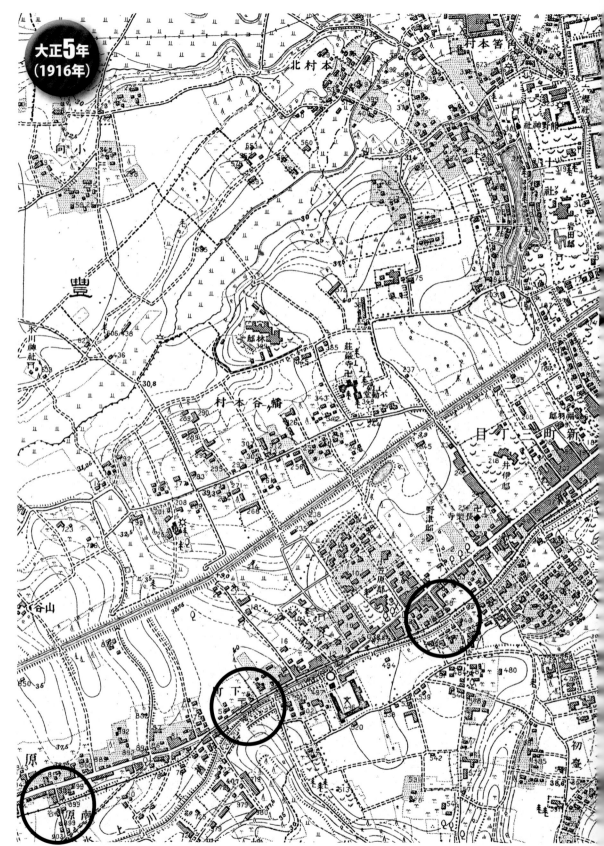

大正5年（1916年）

京王がまだ西口ではなく、新宿駅の東側にあった時代。追分とあり、ここが起点の新宿追分駅だった。そして甲州街道上を西へ進み、新宿駅を跨ぎ、その先も併用軌道が続いた。当時は路面電車とさほど変わらないような鉄道だった。（帝国陸軍参謀本部陸地測量部発行「1/10000地形図」）

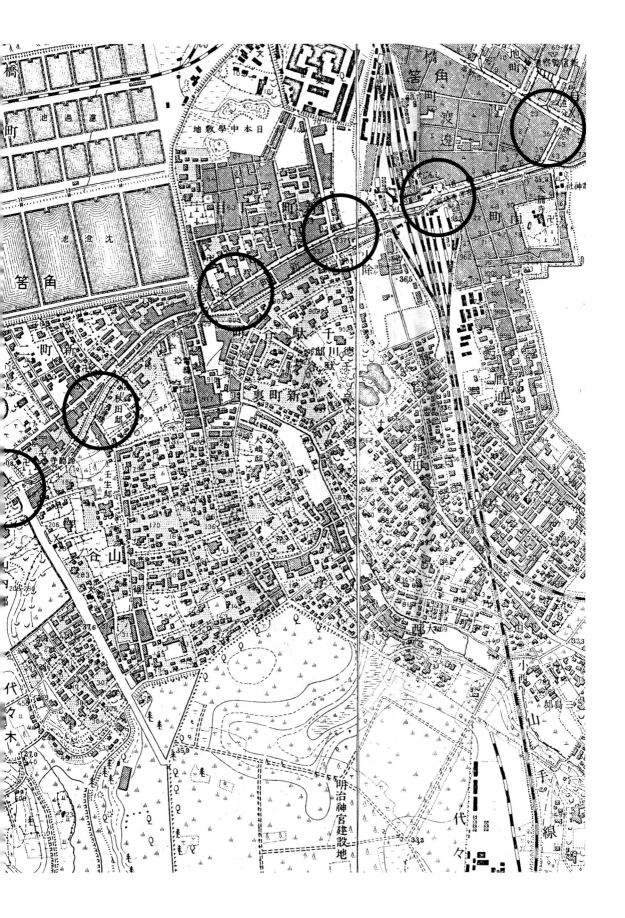

三角屋根が印象的だった明大前駅の旧駅舎。明大前は、明治大学予科の移転以来、学生街の駅として親しまれ、京王線と井の頭線の乗換駅として重要な位置を占める。井の頭線のホームは掘割にあり、京王線のホームはその上。その間に駅舎が位置する構造だ。◎明大前　1964（昭和39）年9月27日　撮影：荻原二郎

現在とはプラットホーム上屋の長さが異なるため、駅の様子が違って見える。2600系は、スタイルは近代的だが、半鋼製の吊り掛け駆動車であった。2600系による新宿〜つつじヶ丘間の運用が写る。つつじヶ丘駅は、金子駅時代とは異なり、折り返し運用が可能な配線となり、始発・終着の運用が設定された。
◎明大前　1970（昭和45）年11月27日　撮影：荻原二郎

幅の広い相対式ホームを持つ２面２線の明大前駅。新宿～京王多摩川間で運用の2600系が写る。当時の京王多摩川駅は終着駅で、近くには遊園地やプールを備えた京王遊園もあり、夏の日の明大前駅からも多くの若者が乗車したことだろう。2600系はすっきりしたノーシルノーヘッダー車両だが、旧型車だった。
◎明大前　1963（昭和38）年８月13日　撮影：日暮昭彦

2010系デハ2011が写る。2000系、2010系は2700系と似通ったスタイルだが、旧性能車の2700系に対して、2000系、2010系はカルダン駆動で、京王線の高性能車化を実現した。写真は半世紀以上前の様子。現在のプラットホームと比べれば随分と上屋が短く、行き交う利用者の姿も現在とは比較にならないほど少ない。
◎明大前　1964（昭和39）年11月８日　撮影：西原 博

写真の前年には、新宿地下駅開業、1500Vへの昇圧を経て5000系がデビュー、新宿～東八王子（後の京王八王子）間に定期の特急運転開始と躍進を遂げた京王。しかし、5000系がまだ足りず、旧性能の2700系を5000系に似た塗色に変更して、写真のように併結していた。東八王子駅は前年12月に京王八王子駅となり、写真を見ると京王八王子になっている。
◎明大前
1964（昭和39）年11月8日
撮影：西原 博

プラットホームの上に何もなく開放的な雰囲気であった昔日の様子。写真は5000系と同様なアイボリーとえんじ色の帯色へ塗色変更した2010系。写真の同年10月からは新宿～東八王子（後の京王八王子）間で特急運転が開始されるが、特急の目玉として新製された5000系の車両数が新製で少ないことから、特急運転開始に先駆けて2010系や2700系から選ばれた一部の車両が塗色変更を行い運用された。
◎明大前
1963（昭和38）年8月13日
撮影：日暮昭彦

5070系が明大前駅に到着。台車や床下機器もきれいな状態だ。当時の前面、側面の行先表示は電動化されていない。明大前駅の駅名標が5000系の顔の右側に写るが、その上には京王帝都電鉄診療所の看板も写る。井の頭線との乗換駅で、京王線ホームは2階部分に相当。明大前の駅名は、戦前に明治大学予科が駅近隣に移転してきたため、松原駅から改称して以来の駅名である。
◎明大前
1963（昭和38）年8月13日
撮影：日暮昭彦

アーチ状の屋根だった明大前を発車したデハ2200形デハ2201。京王電気軌道が200形201として他の200形とともに1934（昭和9）年に製造。このデハ2201は戦後の火災で被災後に復旧した車両で、その際に両運転台車から片運転台車に変更し、乗務員室扉を設置した。全室運転室ではないので、前面窓から少年が顔を出している。行先表示は新宿〜東府中間で馬の蹄鉄がデザインされている。写真当時、競馬場線は未開業で、東府中駅が最寄り駅であった。
◎明大前〜下高井戸　1950（昭和25）年5月21日　撮影：荻原二郎

5070系特急新宿行。写真奥には5000系と同様の塗色に変更されて併結した2700系が写る。5070系（後の5100系）は2700系の台車や機器を流用し、5000系の車体を載せた車両。吊り掛け駆動だったが、5000系のカルダン駆動車に近い走行性能を有していた。◎明大前　1964（昭和39）年11月8日　撮影：西原 博

新製当時の2700系で、17m級車と下高井戸駅のプラットホームを写したもの。2717は２次車。２次車では側面の窓まわりの姿が変わり、Hゴムによるバス窓となった。下高井戸駅の駅名は、甲州街道の高井戸宿があった杉並区下高井戸に由来するが、駅自体は世田谷区に所在する。◎下高井戸　1953（昭和28）年５月　撮影：竹中泰彦

新宿〜千歳烏山間での運用で、2300形が走り去って行く。2300形の元形式は300形で、大東急への合併時に2000の位が付いて2300形になった。写真の2300形2304は、戦中の空襲で焼失したため、戦後に新造の車体を載せた。八王子向きの片運転台先頭車で、運転台は半室だった。◎下高井戸付近　1953（昭和28）年５月　撮影：竹中泰彦

新宿～京王多摩川間の運用で、下高井戸の急カーブを曲がるデハ2150形2151が写る。2151は二重屋根だったが、戦中の空襲で被災。復旧の際に一重屋根になり、二段窓になった。沿線の風景も隔世の感がある。
◎下高井戸付近　1953（昭和28）年４月　撮影：竹中泰彦

2700系デハ2700形2719は、2717などともに東急製。新宿～府中間の運用に充当されるシーン。従来の箱型タイプの電車から湘南形の2枚窓を備えた高張力鋼による軽量化車体になり、京王の近代化を感じさせた。
◎下高井戸付近　1953（昭和28）年５月　撮影：竹中泰彦

地上時代の駅舎。下高井戸駅は、上り線ホーム側と下り線ホーム側にそれぞれ改札口と駅舎があった。現在は橋上駅舎になっている。◎下高井戸　1970年代後半　撮影：山田虎雄

新宿～京王多摩川間の行先表示を差し込んだデハ2305。デハ2305は戦中の空襲で被災。台枠は残して、車体については他の被災車両と一緒に1949（昭和24）年に日本車輌東京支店に発注し、新造車体を載せた。写真を見ると、残暑が厳しそうだ。日陰になるプラットホームの長椅子で休む人の姿が写る。◎下高井戸　1955（昭和30）年９月　撮影：園田正雄

新宿～京王多摩川間で運用中の2600系。手前は2600系デハ2605。2600系は1950（昭和25）年に登場した形式。のっぺりとしたノーシルノーヘッダーの車体が特徴の16m車。写真左奥に下高井戸駅前市場の看板が見える。また、写真右側のホームには、ハイヒールをデザインした京王堂の看板がある。
◎下高井戸
1965（昭和40）年8月29日
撮影：荻原二郎

6000系特急新宿行が踏切を通過中。この先の駅構内が曲線上にあるため速度制限に従って減速する。写真当時の踏切は手動式で係員が手動操作していた。右側に駅前市場の看板が見られるように、踏切を挟んだ繁華街で、橋上駅舎化による自由通路設置までは、踏切の通行量がより多かった。
◎下高井戸
1981（昭和56）年9月15日
撮影：荻原二郎

1992（平成4）年に登場した8000系。竣工後まもない5月から特急運用に入った。写真は8000系の特急京王八王子行。ステンレス車体だが、前面は普通鋼製。従来のアイボリー色からステンレス地になり、スタイルも一新。新しい京王の顔が誕生した。
◎下高井戸付近
1992（平成4）年9月16日
撮影：荻原二郎

昭和60年代の駅の様子。写真手前に写るのは都道428号で、左側に駅の南北を結ぶ踏切がある。駅舎は2008（平成20）年に橋上駅舎化され、写真に写る駅舎前のスペースは商業施設になっている。工事が進行する連続立体交差事業により高架駅になる予定で、駅や周辺の様子が大きく変わることだろう。
◎桜上水　1986（昭和61）年10月20日　撮影：荻原二郎

戦前の貴重な写真。ボギー車の路面電車タイプ23形60が写る。当時すでに他車の譲渡が進み、もう数少なかった形式であった。写真には、戦前の桜上水駅の様子も写り込み、車庫に留置中の車両などが写る。撮影の2年前までは、桜上水の駅名ではなく、京王車庫前という駅名だった。
◎桜上水　1939（昭和14）年11月5日　撮影：荻原二郎

桜上水の桜が旧字の櫻である新宿〜桜上水間の行先表示を差し込んだデハ2150形デハ2158。方向幕はすでに撤去され、前面窓下にあった前照灯は屋根上になり、乗降扉のステップが撤去され、パンタグラフのPS13化が図られている。後にデハ2150形は、2000系や2010系の付随車となるためにサハへ改造された。
◎桜上水　1955（昭和30）年1月　撮影：園田正雄

デハ2400形2408。デハ2400形は、京王電気軌道400形として3扉の半鋼製車で製造され、1940（昭和15）年に登場した。戦後、前照灯を屋根上に変更し、ステップ撤去、方向幕から行先表示板とし、パンタグラフをPS13にした。
◎桜上水　1955（昭和30）年1月　撮影：園田正雄

快速種別を付けた2010系デハ2067。2010系は高性能車だが、中間には旧型車から転用改造したサハを挟んで輸送力を補っていた。新宿駅が地下化され、京王線の1500Ｖへの昇圧が行われた後だが、車両の窓には保護棒が見られ、路面電車時代から続く軌道線の面影を色濃く残していた。
◎桜上水
1963（昭和38）年8月13日
撮影：日暮昭彦

２両編成の5070系×２の編成。写真は急行に運用中のシーン。5000系列で採用されたアイボリーにえんじ色のラインが入った塗色は眩しく、従来の京王のイメージを払拭して都市型鉄道へ生まれ変わった印象を与えた。当時は先頭車前方にえんじ色のヒゲが付いていた。
◎桜上水
1963（昭和38）年8月13日
撮影：日暮昭彦

夏の日差しの中、5070系を使用した急行が到着。後に通勤型電車の冷房化をいち早く進めた京王だが、当時の5000系列は
まだ非冷房であった。行先を見ると東八王子の駅名が見られる。撮影と同年の12月に東八王子駅は京王八王子駅へ改称して
いるため、この年にデビューした5000系列と東八王子駅が共存した時期は短かった。
◎桜上水　1963（昭和38）年8月13日　撮影：日暮昭彦

桜上水と言えば、車庫のある駅として知
られた。開業当時の駅名は北沢車庫前で、
京王車庫前に改称後、1937（昭和12）年
に桜上水駅になった。元からの地名では
なく駅名が先で、玉川上水の桜並木に由
来し、京王が名付けた。
◎桜上水
1963（昭和38）年8月13日
撮影：日暮昭彦

写真右側には桜上水の車庫が写る。左に写るのは、アイボリーに塗り変えて、えんじ色の帯を入れた2700系。登場間もない5000系の車両数を補う対策で、一部の2010系にも施され、後年には2000系の一部にも登場している。この対策は5000系の充足とともに解消されていった。◎桜上水　1963（昭和38）年8月13日　撮影：日暮昭彦

新宿～京王多摩川間の行先表示を掲げて走るデハ2400形デハ2403。路面ホーム用の可動ステップは撤去されたが、その面影である車体裾が切断されずに残っていた。写真は60年以上前の京王線の風景。現在このあたりでは連続立体交差事業が進められ、近い将来は高架化される。◎桜上水～上北沢　1955（昭和30）年3月13日　撮影：荻原二郎

地上駅時代の八幡山駅。デハ1710形1715が写る。他のデハ1710形とともに井の頭線から京王線へ転入したが、1710形1711〜1714までが4両で編成を組んだのに対して、1715は両運転台となって単独で増結などに使用された。
◎八幡山　1965（昭和40）年8月29日　撮影：荻原二郎

デハ2150形デハ2152。京王電気軌道150形として1929（昭和4）年に雨宮製作所で製造されたうちの1両。四谷新宿〜御陵前間を結んだ直行電車でも活躍した形式。デハ2152は空襲被災を免れたため、一重屋根で復旧した被災車とは異なり、古色蒼然とした二重屋根が残っていた。
◎八幡山〜上北沢
1955（昭和30）年3月13日
撮影：荻原二郎

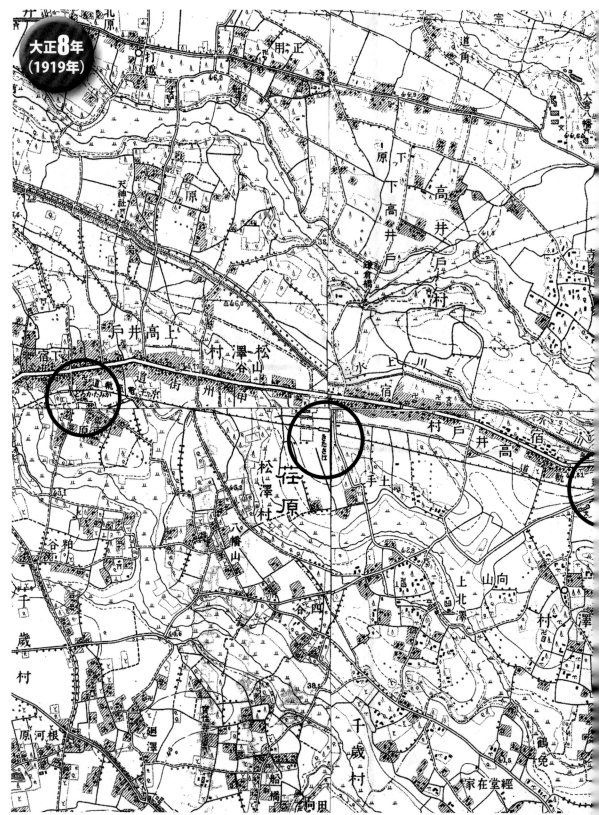

甲州街道の笹塚の町外れに笹塚駅。甲州街道の外れを走り続ける京王電気軌道。代田橋を通り、その次に目立つのは下高井戸駅。帝都電鉄（現・井の頭線）は未開業で、現在の明大前駅あたりは見逃してしまう寂しさだ。「きたさは」とあるのは、北沢車庫前駅（現・桜上水駅）のことだろう。甲州街道沿いには市街地が続くが、京王の沿線は寂しく、駅近が人気の今日とは全く異なる。上高井戸駅は後の芦花公園駅である。（帝国陸軍参謀本部陸地測量部発行「1/25000地形図」）

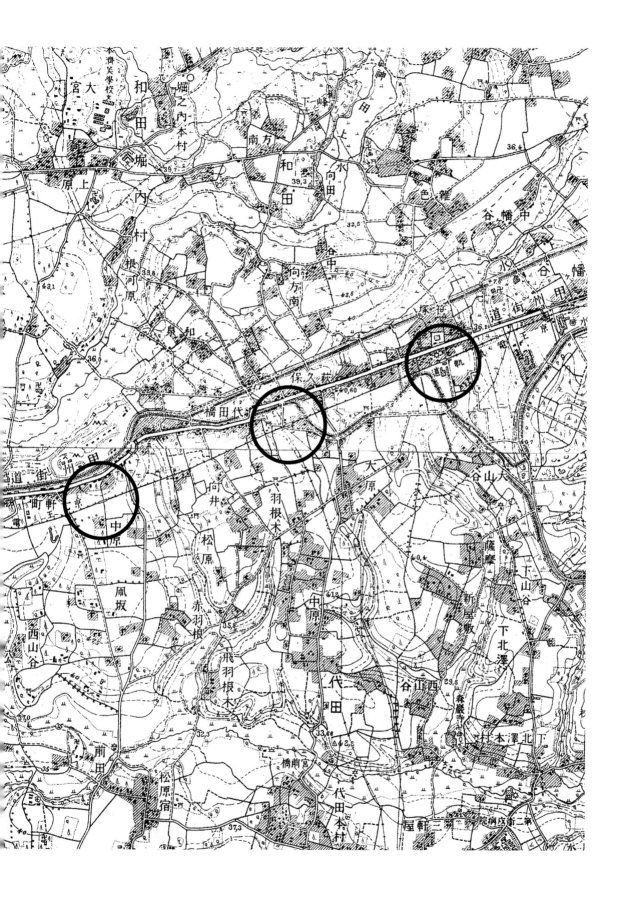

1965（昭和40）年に井の頭線から京王線へ転入したデハ1710形。標準軌用の長軸車軸による台車を元々持つための転用であった。非貫通のスタイルがスマートな印象で、衝撃時の車体乗り上げ防止のアンチクライマーが付いている。芦花公園駅の駅名は、徳富蘆花の旧宅などを含んだ公園である蘆花恒春園を芦花公園と呼ぶためで、1937（昭和12）年に上高井戸駅から改称した。
◎芦花公園
1965（昭和40）年8月29日
撮影：荻原二郎

宿場から離れた農村部に烏山駅が開業し、その後、千歳村烏山から千歳烏山の駅名に。その間、関東大震災で移住者が出始め、終戦後の郊外転居などで人口増加。農村は都市部からの移住者で住宅地となり、駅の周辺には商店街も形成。高度経済成長期に入ると、東京への人口流入が加速してさらに人口が増加し、駅利用者が増えていった。
◎千歳烏山
1964（昭和39）年11月15日
撮影：荻原二郎

島式ホーム2面4線時代の面影を残していた当時の写真。1957（昭和32）年につつじヶ丘駅が2面4線化される前は、千歳烏山駅が2面4線で待避線を備えていた。編成両数の増加に対応した同駅のプラットホーム有効長の延長工事にともない待避線にホームが掛かってしまうため、その機能をつつじヶ丘駅へ移して2面2線化された。2線化によって線路跡はホーム幅の拡張に活用され、写真左側の島式ホームの左側がホーム上屋から出て幅が広くなっているのがわかる。
◎千歳烏山
1960（昭和35）年12月

京王による「つつじヶ丘住宅地」の玄関口駅。分譲開始から7年後の撮影で、駅には多くの利用者が写る。京王百貨店が11月1日にオープンしており、駅頭にはそれをPRする案内板が設置されている。撮影日は日曜日で、おそらく新しく開店したターミナルデパートへ買い物へ行く人たちかもしれない。
◎つつじヶ丘　1964（昭和39）年11月15日　撮影：荻原二郎

緩急接続を行う快速新宿行で、写真手前は5100系の2両編成。かつては島式ホーム1面2線の金子駅だったが、千歳烏山駅のプラットホーム延伸で待避線が無くなるため、金子駅に待避線を増設することになり、1957（昭和32）年に島式ホーム2面4線化され、あわせて京王の開発住宅地の名であるつつじヶ丘へ駅名改称した。
◎つつじヶ丘　1972（昭和47）年　撮影：荻原二郎

デハ2150形から付随車改造されたサハ2555が写る。デハ2150形からのサハ改造は、運転台を撤去し、幅広の貫通路を設けるなどしたもので、ダブルルーフに水雷型の通風器という古風な姿は残り、高性能車の2000系や2010系の付随車として連結されて走る様子は、とても不釣り合いな印象であった。◎柴崎　1965（昭和40）年8月29日　撮影：荻原二郎

相対式ホーム2面2線の柴崎駅を通過する登場当初の6000系。新車が眩しく写る。写真奥が新宿方面で急行新宿行を後追い撮影。当時の6000系は6両編成のみで、その関係から特急用ではなく6両編成の急行で運用された。初期の先頭車の特徴である集約分散式の冷蔵装置が見られる。
◎柴崎
1972（昭和47）年
撮影：荻原二郎

踏切を都道が通り、バスや車の往来が多そうだ。そんな都道沿いにあった駅舎。台の上に新聞が並べられており、今日の売店とは異なったおおらかな感じである。現在駅は地下化され、駅跡地には再開発によって高層ビルなどが建設されており、時代の移り変わりを感じさせる一枚だ。◎国領　1964（昭和39）年5月31日　撮影：荻原二郎

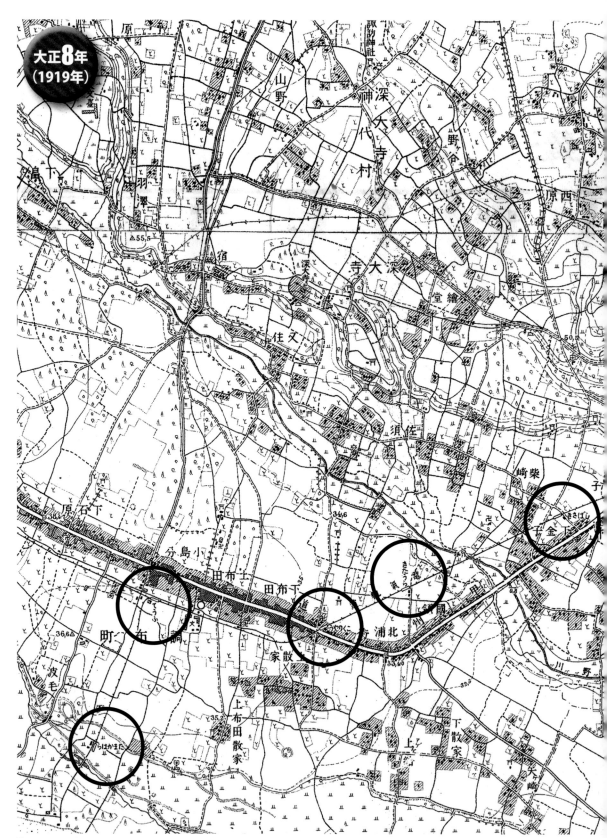

「からすやま」とあるのは、現・千歳烏山駅。駅の近くに住宅や商店が集まり出しているが、その規模はまだ小さい。仙川駅付近は桑畑が多い。金子のあたりは併用軌道、柴崎駅、北浦駅（後に廃止）と甲州街道の北側を走っていた。そして「てうふ」とあるのは、調布駅だ。（帝国陸軍参謀本部陸地測量部発行「1/25000地形図」）

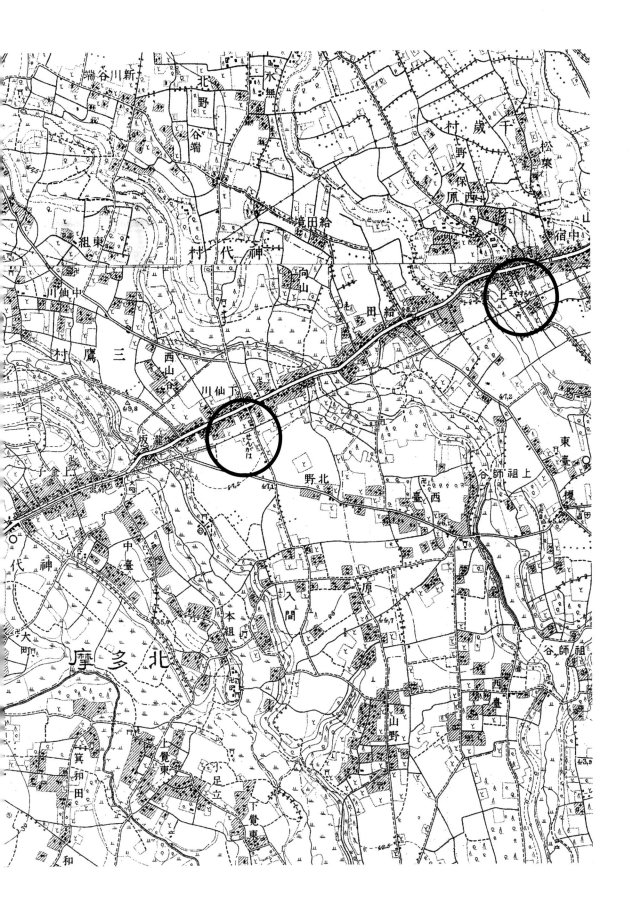

右に真っ直ぐ伸びるのが京王線の上下線。そこを横断するようにやってきたのが相模原線で運用中の5000系調布行。手前の京王線上り線に向かって進むのだが、京王線下り線、同上り線を連続して平面交差するため、長年改良が検討され、地下化で解消した。
◎調布
1986（昭和61）年11月10日
撮影：荻原二郎

特急停車駅で主要駅の調布駅は、新宿駅へのアクセスが良く、23区内ではないものの、高度経済成長期に入ると人口増加が著しくなり、駅にも活気が見られる。
◎調布　1964（昭和39）年5月31日　撮影：荻原二郎

今や懐かしくなった地上時代の調布駅。写真左奥の京王多摩川への支線から京王線下り線（写真中ほど）を横切って進む京王多摩川発新宿行。調布駅名物だった平面交差で、京王線上下線との関係など、運行上のネックだった。
◎調布　1966（昭和41）年9月15日　撮影：荻原二郎

当時のプラットホームの上屋は短く、冬の日差しが降り注いだ往年のホーム風景。新宿〜東八王子間の急行に運用される2600系が写る。2600系登場当初はデハ2両による2両編成だったが、サハを組み込んで3両編成化された。写真手前にはデハ奇数車のデハ2605。前照灯が1灯時代で、デハ奇数車のパンタグラフが運転台側に設置されていたころ。前照灯2灯化やデハ奇数車のパンタグラフ移設は1964（昭和39）年に行われた。
◎調布　1958（昭和33）年1月26日　撮影：荻原二郎

新宿～京王多摩川間で運行の各駅停車。当時としては近代的な湘南窓スタイルでモノコックボディの高性能車である2010系が写るが、中間付随車を見ると、何とも年代物の戦前からの旧車改造車が連結されていた。古めかしい二重屋根が見られ、高度経済成長期の利用者増をこうしたかたちでも乗り切っていた。
◎調布　1963（昭和38）年9月23日　撮影：伊藤威信

沿線がまだ武蔵野台地の農村風景だったころに撮影された一枚。間にサハを連結した３両編成の急行に運用される2600系。前照灯１灯時代のデハ2600形が写る。車返は武蔵野台駅の旧駅名で、1959（昭和34）年に武蔵野台駅へ改称した。
◎飛田給〜車返
1956（昭和31）年９月９日
撮影：荻原二郎

　１次車のデハ2703を先頭に、サハ2750形を組み込んでの2700系３連が走る。およそ67年前の飛田給の風景が写り、調布の西側、飛田給に広がっていた在りし日の景色の記録でもある。飛田給の名は、荘園の給田だった説や悲田院の給田であったという説が由来として伝わる。この撮影の年に北多摩郡調布町と同郡神代町が合併して調布市が誕生した。
◎飛田給付近　1955（昭和30）年６月　撮影：竹中泰彦

特急が通過。当時は5000系の運用を補う目的で、一部の2700系や2010系も5000系同様のアイボリーとえんじ色の帯に塗色変更して使用されていた。1955（昭和30）年の当駅の写真と比べると、昭和30年当時では写真右奥に農地が広がっていたが、この写真を見ると建物が増えているのがわかる。また、写真右側のプラットホームの奥に立っていた多摩川競艇下車駅の案内柱がなく、写真左側のプラットホームの左端にそれらしき案内板が立っている。
◎多磨霊園　1964（昭和39）年5月13日　撮影：日暮昭彦

2000系デハ2051。多磨霊園駅は、飛田給〜府中間開業時の1916（大正5）年に多磨駅として開業。その後、東京市の多磨墓地が開設されたことで市公園墓地前駅になり、多磨霊園駅へ改称したのは1937（昭和12）年のことだった。
◎多磨霊園　1964（昭和39）年5月13日　撮影：日暮昭彦

昔日の多磨霊園駅の様子と2700系。写真右奥には農地が広がる風景が垣間見える。多摩川競艇下車駅の案内柱が写真右側に写る。駅名は多摩霊園ではなく、地名の多磨にちなんだ多磨霊園駅。摩ではなく磨。北多摩郡多磨村は、撮影の前年に府中町等と合併して府中市になったため消滅した。◎多磨霊園　1955（昭和30）年6月　撮影：竹中泰彦

1955（昭和30）年に開業。東京競馬場に最も近い駅が開業した。東京競馬場前駅とはならず、通称の府中競馬場を採り入れた駅名になった。これは国鉄の下河原支線に東京競馬場前駅が当時存在したからである。
◎府中競馬正門前
1964（昭和39）年5月17日
撮影：荻原二郎

1955（昭和30）年に競馬場線が開業。写真右端が競馬場線のホームである。幅の広い踏切が写り、この踏切は陸軍の指示で広げられたもので、終戦後は米軍によっても拡張工事が行われた。広くて線路上であることから。かつては車両の搬出入が見られた。
◎東府中
1958（昭和33）年頃
撮影：吉村光夫

かつての府中の玄関口だった府中駅南口の旧駅舎。北口の駅舎とは地下通路で連絡していた。写真の撮影日は1964（昭和39）年4月29日で、多摩動物公園線（現・動物園線）が開業した日。駅玄関口の目立つところに「4月29日から開通」と記されたPR看板が立つ。もう60年近く前の写真で、高齢者が和装というのも時代を感じる。
◎府中　1964（昭和39）年4月29日　撮影：荻原二郎

玉南電気鉄道時代からの車両でデハ2000形が写る。新宿〜府中の円形表示板が付き、下には英文字表記も見られる。府中〜東八王子間に開通した玉南電気鉄道は車両や施設を鉄道線規格にしていた鉄道で、軌道規格で敷設の京王電気軌道とは異なった。京王電気軌道は新宿〜東八王子間の直通に向けて旧玉南電気鉄道区間を京王電気軌道の軌間にしつつ、旧玉南電気鉄道の車両規格を採用して直通運転を実現した。　そのような経緯から、玉南電気鉄道由来のデハ2000形は、京王電気軌道の車両規格の模範になる存在であった。◎府中　1950（昭和25）年8月12日　撮影：柴田重利

旧番時代の荷物電車で、両運転台のデニ2900形2901。沿線への新聞輸送も担った。1両のみの存在で、1953（昭和28）年に製造され、後にデニ200形デニ201となった。荷物のマークが付き、幅の広い両開き扉が並ぶ。旅客用とは異なるその姿は、子どもにとっても興味津々だったのかもしれない。
◎府中
1955（昭和30）年6月
撮影：竹中泰彦

昇圧前の京王線。長閑な雰囲気だった府中駅界隈。中型車が連なって走った在りし日の様子で、その後のデハ2200形は、昇圧対応の新造車両2010系の付随車化が行われ、デハからサハへ。写真のデハ2202はサハ2559になった。
◎府中
1961（昭和36）年10月
撮影：竹中泰彦

5000系4両編成＋5100系3両編成。1968（昭和43）年から開始された5000系列への冷房装置取り付け。他の大手私鉄に先駆けていち早くロングシートの通勤形電車に冷房装置を搭載した。初期の5000系列に見られた乗務員室付近のヒゲはなく、電動化された行先表示器が付き、種別板は差し込み式になっている。
◎府中
1972（昭和47）年5月12日
撮影：西原 博

分倍河原の古戦場跡へ向けて2700系の急行が走り去って行くところ。新宿方の奇数車デハ2700形2713が手前に写り、新宿発東八王子行。新宿〜東八王子間の急行は、写真撮影後の同年10月のダイヤ改正から3両編成が主になり、所要時間短縮が図られた。
◎分倍河原付近
1955（昭和30）年6月
撮影：竹中泰彦

多摩動物公園行の急行。写真の前年に多摩動物公園線（現・動物園線）が開業している。アイボリーとえんじ色の帯による塗色が2枚窓の湘南窓スタイルをよりスマートに見せていた印象だが、5000系の製造数がまだ足りなかった時代の応急装置であった。手前に写るデハ2069は八王子方制御電動車で、3次車以降で採用されたグローブ式のベンチレーターである。
◎分倍河原
1965（昭和40）年8月29日
撮影：荻原二郎

駅舎は、京王線と南武線が上下で交差する地点から見て北東側の崖上に位置する。写真は旧駅舎時代の様子。京王線のプラットホームの下にJRの南武線のホームが位置し、連絡通路で結ばれるが、複雑な地形にある駅で、しかも狭く、写真当時は改善される前の時代で、かなり複雑であった。
◎分倍河原
1956（昭和31）年6月

京王線用の荷物電車デニ201は1両しかなく、検査などで運用できない場合は、旅客用電車に荷物輸送の表示を付けて代走した。よって、通常1両の荷物電車が、編成の関係から2両で走ることもあった。写真はデハ221＋クハ231による荷物電車。
◎分倍河原　1969（昭和44）年8月23日　撮影：荻原二郎

京王を代表する主力車両として活躍していた当時の5000系列。写真は、5100系3両編成×2による特急新宿行。南武線との乗換駅ではあるものの、特急が通過していた分倍河原駅。現在は特急停車駅になって久しい。
◎分倍河原　1972（昭和47）年5月12日　撮影：西原 博

昔は関戸の渡しで越えた多摩川。写真は、単線時代の多摩川橋梁を渡る5000系特急新宿行。すでに複線分の橋脚と架線柱があり、複線化に向けてガーダー橋の一部が設置されている。多摩川橋梁の複線化は1964（昭和39）年4月。これにより中河原〜聖蹟桜ヶ丘間が複線化された。◎聖蹟桜ヶ丘〜中河原　1964（昭和39）年1月15日　撮影：荻原二郎

中河原～聖蹟桜ヶ丘間が複線化されて間
もない頃の撮影。写真右奥が聖蹟桜ヶ丘
駅方面で、写真左側の向こうが多摩川橋
梁。聖蹟桜ヶ丘駅の高架化はまだ先で、
現在の聖蹟桜ヶ丘駅周辺とは全く違うよ
うな都市化前の沿線風景が写し出されて
いる。
◎聖蹟桜ヶ丘～中河原
1964（昭和39）年4月29日
撮影：荻原二郎

地上駅時代の聖蹟桜ヶ丘駅。写真当時はまだ市でも町でもなく多摩村。町制施行で多摩町になったのは写真の年の4月で、
市制は1971（昭和46）年だった。写真当時は村にある駅ではあったが、すでに京王が開発した新興住宅地の桜ケ丘はあり、
駅の様子に活気がある。1937（昭和12）年に聖蹟桜ヶ丘駅へ改称するまでの駅名は地名にちなんだ関戸であった。聖蹟桜
ヶ丘の駅名は、明治天皇の御狩場があり、行幸の地を聖蹟と呼ぶことに由来し、桜ヶ丘の住宅地名は桜の並木が有名なところ
だったことにちなむ。◎聖蹟桜ヶ丘　1964（昭和39）年1月15日　撮影：荻原二郎

百草園は京王百草園の最寄り駅として知られる。写真には、マルーン色に白帯の荷物電車デニ201が走るシーンが写る。複線用の架線柱がアンバランスなほど牧歌的だった写真当時の沿線。浅川と多摩丘陵の間に拓けた農村地帯であった。
◎百草園付近　1964（昭和39）年３月15日　撮影：荻原二郎

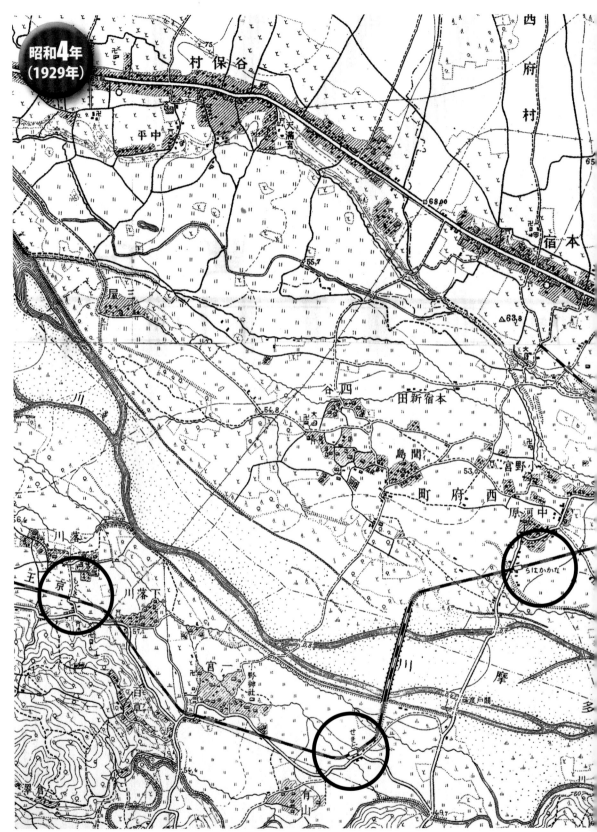

八幡前駅とは、旧東府中駅の旧駅名。この東府中駅とは現在の東府中駅ではなく、現駅のルーツは臨時競馬場前駅。そして府中の町外れにあった府中駅に。南武鉄道（現・南武線）との交点に分倍河原、先へ進み中河原、多摩川を渡って関戸（現・聖蹟桜ヶ丘）。駅周辺は田んぼだった。左側に「もぐさ」とある駅は現在の百草園駅。
（帝国陸軍参謀本部陸地測量部発行「1/25000地形図」）

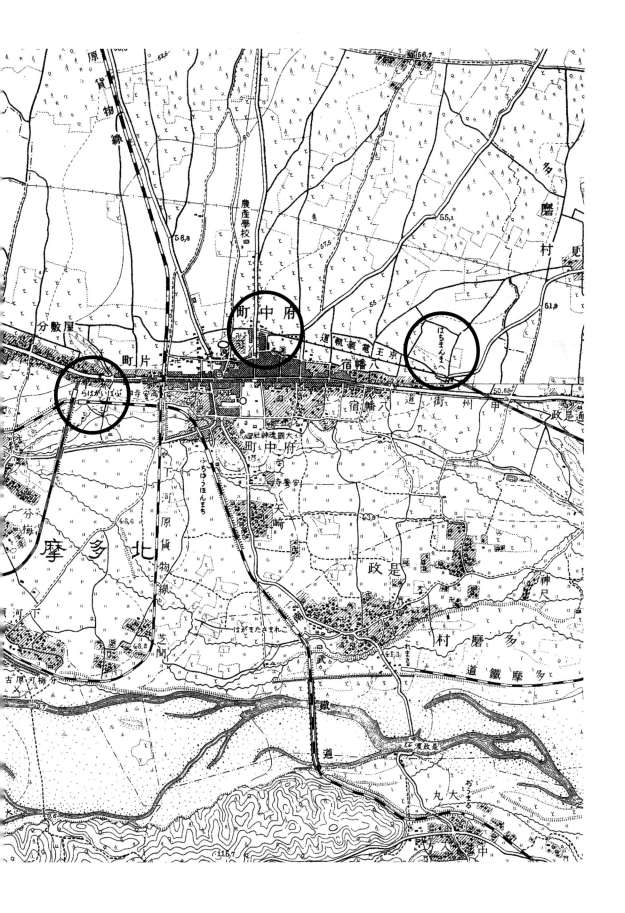

元京王電気軌道150形。戦中に京王電気軌道が東急と合併したことで、2000の位が付いた車番になり、デハ2150形デハ2165になった。両運転台車で、1963（昭和38）年8月の架線電圧1500Ｖへの昇圧直前まで運用され、翌年廃車された。
◎高幡不動　1963（昭和38）年1月　撮影：園田正雄

京王電気軌道150形由来のデハ2150形デハ2165。ダブルルーフでとてもインパクトがある。おそらくこの写真は車両を連ねての撮影会の様子だろう。馬の蹄用の蹄鉄をデザインした新宿〜府中競馬正門前間の行先表示に臨時種別が付く。
◎高幡不動　1963（昭和38）年1月　撮影：園田正雄

ダブルルーフが残る付随車サハ2505が写る。元は京王電気軌道の110形でデハ2110形デハ2112となり、付随車改造されてサハ2112に。1961（昭和36）年には2000系や2010系の付随車化のために他のサハとともに幅の広い貫通路を設け、ステップ跡の撤去を行い、サハ2112からサハ2505となった。
◎高幡不動　1963（昭和38）年1月　撮影：園田正雄

多摩動物公園行表示の急行と並ぶ220系（右）。220系も5000系に準じた塗装だった。競馬場線や高幡不動〜多摩動物公園間の線内運用で余生を送り、14m車を撮影しようと高幡不動駅や沿線を訪れるファンに親しまれた。
◎高幡不動　1965（昭和40）年11月17日　撮影：吉村光夫

多摩動物公園線（現・動物園線）開業日の高幡不動駅。乗換えの利用者で賑わい、構内通路にも沢山の乗客の姿がある。新宿
方からの構内で、左に写るのが多摩動物公園駅行、写真中央が京王線下りホーム、右が京王線上りホームで特急新宿行。
◎高幡不動　1964（昭和39）年４月29日　撮影：荻原二郎

支線用220系。14m車から編成され、クハ230形＋デハ220形による２両編成×２。5000系風のアイボリーにえんじ色の帯という塗色だった。写真手前のクハ230形が元デハ2125形で、後の３両は元デハ2400形である。うち、元デハ2400形デハ2410のデハ222は220系廃車後にライトグリーン塗色にされ、元のデハ2410として、多摩動物公園駅の駅前に長く展示後、京王資料館移設を経て、現在は京王れーるランドで展示されている。
◎高幡不動～多摩動物公園　1965（昭和40）年頃　撮影：吉村光夫

1964（昭和39）年４月29日に多摩動物公園線（現・動物園線）が開業し、同時に多摩動物公園駅も開業を迎えた。写真右奥には開業を祝う花輪がずらりと並び、駅前には大勢の利用客の姿が写る。開業日の４月29日は、昭和時代の天皇誕生日で日章旗が見られる。
◎多摩動物公園
1964（昭和39）年４月29日
撮影：荻原二郎

1964（昭和39）年4月29日の多摩動物公園線（現・動物園線）開通を告知するポスター。現在は動物園線だが、かつての路線名は多摩動物公園線だったことがポスターからもわかる。多摩動物公園行の行先表示に特急種別が付いた5000系の写真上に「新宿から動物園正門まで36分」とあり、ライオンが俊足で駆ける様子と相まって利便性をPRしている。
◎1964（昭和39）年4月29日　撮影：荻原二郎

5000系に準じたアイボリーとえんじ帯
の塗色で走る17m級車。八王子の中心
地から見て南方に位置する北野駅。御陵
線が運行されていた時代は分岐駅だった
が、写真当時は京王高尾線（現・高尾線）
が未開業で、現在のように定期特急が停
車する主要駅ではなかった。
◎北野
1964（昭和39）年1月15日
撮影：荻原二郎

当時は急行、通勤急行ともに府中～京王
八王子間は各駅停車であった。このあた
りも農村だったところ。写真右側に多
摩丘陵の案内板が立つように、野猿峠ハ
イキングコースの下車駅で、多くのハイ
カーが利用した。かつては人気のあった
野猿峠ハイキングコースだが、その後の
開発でハイキングコースの一部も宅地化
され人気が薄れていった。
◎南平　1964（昭和39）年3月15日
撮影：荻原二郎

周辺の開発はまだ先で、駅舎が駅北側にあった。写真右側に島式ホームの階段が写り、構内通路を通っていた。写真の前年などに野猿峠への行楽目的で臨時の優等列車が停車したことはあったが、各駅停車区間以外の優等列車は当時停車しない駅であった。後に通勤急行の通過運転がこのあたりの区間でも開始されて停車駅となったが、1967（昭和42）年10月の京王高尾線（現・高尾線）開業時に分岐駅となったものの、特急は通過を続けていた。
◎北野　1964（昭和39）年1月15日　撮影：荻原二郎

現在の高架駅からは想像できないほどの長閑な雰囲気だった北野駅。野猿峠ハイキングコースの下車駅でもあった。東八王子方面のりばを示した島式ホームが写り、単式ホームが写真左端に写る。駅舎は単式ホーム側。島式ホームの左側には急行東八王子行。急行と言っても、このあたりの区間は各駅停車だった。1番ホームの表示の右側には試運転電車が写る。
◎北野　1960（昭和35）年頃　撮影：吉村光夫

京王高尾線（現・高尾線）が建設中。北野〜山田間は御陵線の路盤を引き継いで新線が建設された。右側に写るのは単線時代の北野〜京王八王子間で京王八王子行の特急。現在は北野駅の高架化によって両線ともに高架になっている。
◎北野
1967（昭和42）年4月2日
撮影：荻原二郎

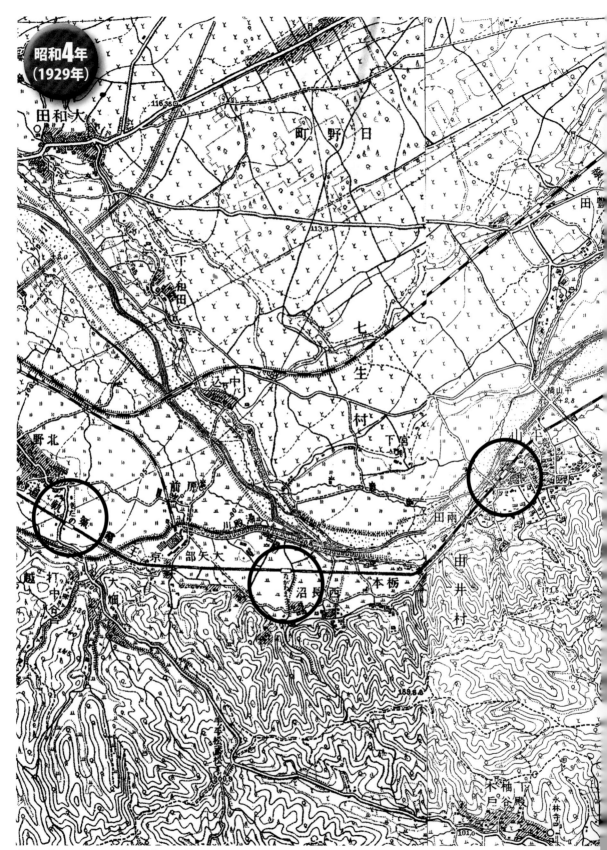

昭和4年
（1929年）

高幡不動の駅名になる前の高幡駅、野猿峠を左に見て南平、平山と進み、長沼、北野へ。平山駅は現在の平山城址公園駅とは
若干位置が異なった。当時の北野駅からは分岐する路線は無く、御陵線は未開業だ。
（帝国陸軍参謀本部陸地測量部発行「1/25000地形図」）

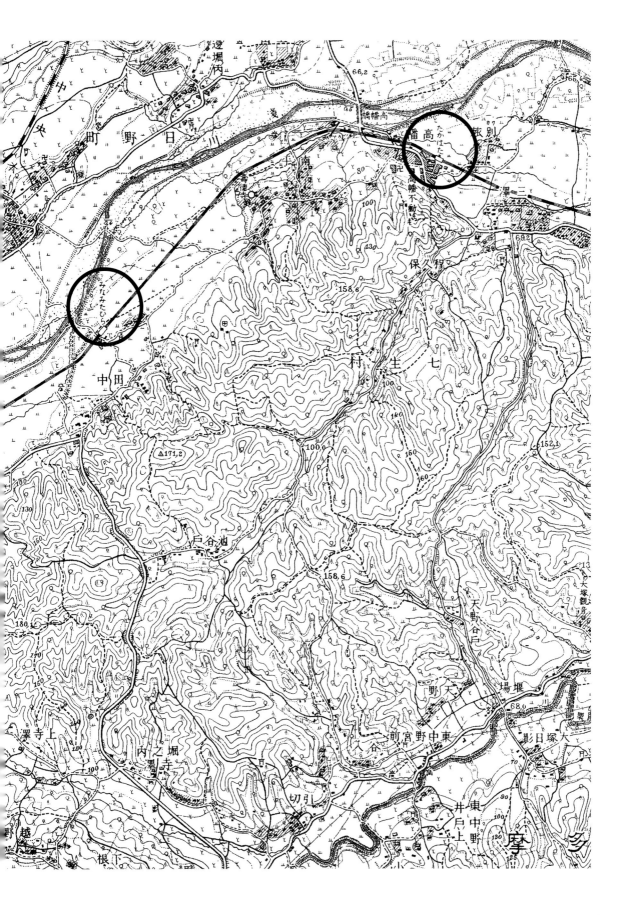

複線分の用地と架線柱が見られるが、当時はまだ単線区間だった北野〜京王八王子間。同区間の複線化は1970（昭和45）年
であった。写真右奥に鉄道の橋台らしきものが写るが、これは大阪窯業八王子工場（元々は八王子煉瓦製造）専用線の橋台跡
である。◎北野〜京王八王子　1967（昭和42）年2月5日　撮影：日暮昭彦

京八の名で親しまれる京王八王子駅。地
下駅になって久しいが、写真は地上駅時
代の懐かしい駅。写真の前年にあたる
1963（昭和38）年12月に北野寄りへ移転
し、東八王子駅から京王八王子駅へ改称。
プラットホームに停車する電車が左側に
写り、駅舎との位置関係がわかる。移転
後間もない頃で、駅の整備が続いていた。
◎京王八王子
1964（昭和39）年1月15日
撮影：荻原二郎

駅舎を正面から見たところ。写る乗用車
も懐かしい。写真左側に幅の広い島式
ホームがあった。写真右側には京王観光
八王子案内所が見られる。
◎京王八王子
1965（昭和40）年頃
撮影：山田虎雄

都市計画によって北野方200mへ移転した駅。東八王子から改称された京王八王子の真新しい駅名標が立つ地上時代のプラットホームで、幅の広い島式ホームだった。駅舎は写真左側の先を曲がったところにあった。
◎京王八王子
1964（昭和39）年1月15日
撮影：荻原二郎

地上時代の京王八王子駅で、写真左側がプラットホームだった。駅前のバスのりばには、京王傘下の西東京バスが写る。1970年代以降の八王子市は、急速なベッドタウン化や大学の進出などに伴い人口が急増し、京王八王子駅の利用者増加のほか、各地へ向かう路線バスの拡大も見られた。◎京王八王子　1980年代前半　撮影：山田虎雄

1989（平成元）年4月に京王八王子駅が地下化された。写真は地下駅への出入口で、当時はその上に何もなかったが、1994（平成6）年に駅ビルが開業。KEIO21を経て京王八王子ショッピングセンターになり、k-8 kEIHACHI（頭は小文字のk）の愛称とロゴで親しまれている。◎京王八王子　1989（平成元）年4月　撮影：山田虎雄

甲州街道を走った武蔵中央電気鉄道。東八王子駅前～高尾橋間の本線と八王子駅前～横山町間の支線があった。写る車両は１形６。後に江ノ島電気鉄道（現・江ノ島電鉄）→栃尾電鉄と渡り歩いた。末期の武蔵中央電気鉄道は京王電気軌道へ吸収合併して京王の路線になったが、1939（昭和14）年に廃止された。
◎東八王子駅前　1936（昭和11）年３月31日　撮影：裏辻三郎

昭和4年
（1929年）

清滝～高尾山間のケーブルカーで急勾配として知られる。高尾登山鉄道により1927（昭和2）年に開業。戦中の不要不急線で休止になったが戦後再開した。写真は2代目車両の「あおば」で、窓下に愛称のAOBAとある。写真の翌年には3代目車両が登場し、現在は4代目車両になっている。2017（平成29）年から京王グループで、清滝駅は、京王の高尾線高尾山口駅に近い。◎高尾登山電鉄　1967（昭和42）年2月5日　撮影：日暮昭彦

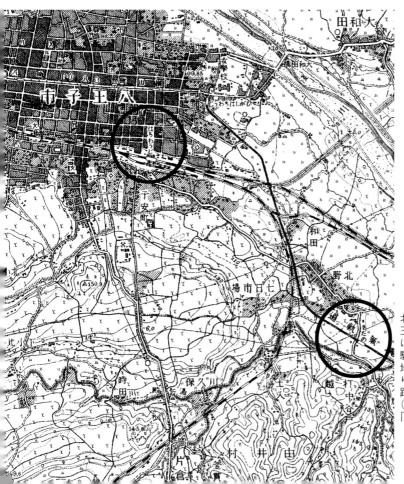

北野から先、横浜線が寄り添い離れ、京王は八王子市の市街地の東、東八王子駅に到着する。同駅は現駅名の京王八王子駅よりも北側に位置した。八王子の市街地が黒々と表示され、都心寄りの郊外よりも遥かに発展していた。甲州街道には路面電車の武蔵中央電気鉄道も走る。（帝国陸軍参謀本部陸地測量部発行「1/25000地形図」）

高尾線

1967（昭和42）年10月1日、京王高尾線が開通。ポスターにもあるように、当初の路線名には京王が付いたが、後に高尾線のみの路線名になった。写真は京王高尾線（現・高尾線）狭間駅に掲示してあった開通ポスターだが、京王では自社線以外の駅にもポスターを配りPRに努めたという。
◎1967（昭和42）年10月1日
撮影：荻原二郎

5070系（後の5100系）2両編成による特急が到着。高幡不動で京王八王子行と分割して京王高尾線（現・高尾線）に入線していた。当時のめじろ台駅は写真奥の分岐を見てもわかるように2面4線。幅の広いプラットホームには「京王めじろ台住宅地下車駅」の大きな看板柱が立っていた。
◎めじろ台
1967（昭和42）年10月1日
撮影：荻原二郎

京王高尾線（現・高尾線）開通日の各駅停車で、同線内北野～高尾山口間運用のクハ1200形クハ1204などが写る。クハ1200形は井の頭線で運用されていた車両で、クハ1204はクハ1203とともに中間車化を経て再びクハとなり、京王線系統の支線で運用された。写真は、右奥に見えるカーブした築堤へ向けて勾配を登るところを後追い撮影したもの。現在の北野駅は高架駅なので、逆に築堤へ向けて勾配を下っている。写真では小さいが、築堤で横浜線をオーバークロスするのは現在も同じだ。◎北野　1967（昭和42）年10月1日　撮影：荻原二郎

京王高尾線（現・高尾線）開業日に撮影のめじろ台駅の橋上駅舎。プラットホームが掘割に位置するために橋上駅舎部分が地上にあたる。京王が開発した分譲住宅地の玄関駅として設置されたが、写真当時はまだ入居開始前で駅だけ先に開業した。駅舎手前には、後に路線バスも発着できる駅前ロータリーが建設される。
◎めじろ台　1967（昭和42）年10月1日　荻原二郎

開業当初のめじろ台駅の様子。めじろ台駅は、京王が開発した分譲住宅地「めじろ台」の玄関口駅として丘陵地の掘割に建設された駅。特急停車駅として開設され、かつての特急では、高幡不動の次の停車駅がめじろ台駅であった。駅の線路配線は、緩急接続を目的に島式ホーム2面4線で開業したが、プラットホームの延伸の際に相対式2面2線に改められた。写真の右奥を見ると右側へ分岐する線路が写り、2面4線時代の写真記録だ。
◎めじろ台　1967（昭和42）年10月　撮影：園田正雄

高尾駅南口の1980年代の様子。北口はJRの寺社造りの駅舎が有名で、京王側の南口は北口にくらべて比較的観光客が少なく、
駅周辺の住民や学生の乗り降りが中心の生活感漂う出入口である。現在は、今風の出入口や駅前スペースへ改修されている。
◎高尾　撮影：山田虎雄

京王高尾線（現・高尾線）開業間もない頃の様子。高架橋が並ぶ向うが狭間、めじろ台方面。高架橋の右下を見るとまだ開発
途中である。島式ホーム1面2線の高尾駅へ到着する1800系が写り、開業の同年に井の頭線から転属してきた。
◎高尾　1967（昭和42）年10月29日　撮影：吉村光夫

1967（昭和42）年10月1日に京王高尾線
が開業。同時に終着駅の高尾山口駅も開
業した。写真は、前照灯まわりや乗務員室
下に花飾りが施された記念装飾。京王高
尾線は北野駅分岐で、御陵線時代の北野〜
山田間を活用しつつ、その先は新線で、め
じろ台、狭間、高尾、高尾山口の各駅を開
設した。当初はその先の延伸構想も噂さ
れたが実現には至っていない。
◎高尾山口
1967（昭和42）年10月
撮影：園田正雄

新宿直通45分や直通特急45分のPRが
目を引く祝賀ムードの高尾山口駅。京
王高尾線開通までも高尾山は人気のハ
イキングコースとして知られていた
が、京王高尾線の開通で一気に都心と
の所要時間が短縮された。
◎高尾山口
1967（昭和42）年10月1日
撮影：荻原二郎

相模原線

相模原線の途中駅の中で一番歴史が古い。駅開業から1971（昭和46）年の京王よみうりランド駅延伸までは終着駅で、その間の1968（昭和43）年に高架化され、高架下に改札口と駅舎がある。写真は1990年代前半頃と思われるが、現在は写真右側へ出入口が移っている。◎京王多摩川　1990年代前半頃　撮影：山田虎雄

写真は開業翌日の日付。高架下に「祝 京王相模原線開通」とあり菅町会によるもの。菅は駅所在地の地名。稲田堤の駅名は、桜で有名な多摩川の稲田堤が由来。ちなみに読みは、つつみではなく、濁るづつみである。
◎京王稲田堤　1971（昭和46）年4月2日　撮影：荻原二郎

駅は傾斜地に建設され、高架と地平の両部分がある。写真は高架下の駅出入口。駅は神奈川県川崎市が所在地だが、若葉台
検車区は大半が東京都稲城市である。開発前はのどかな丘陵地で、若葉が多く見られたことから若葉台になったという。
◎若葉台　1989（平成元）年3月21日　撮影：荻原二郎

京王多摩センターまで延伸された頃と思われる京王永山駅のプラットホーム。5000系の快速が写る。プラットホームの上
屋は側壁側の鉄骨支柱、それと上部の鉄骨で支えてあり、支柱で遮られることのない都会的ですっきりしたプラットホーム
になった。◎京王永山　1970年代　撮影：山田虎雄

各社の駅名としては京王多摩センター、小田急多摩センターではあるが、総合的な駅の名は多摩センター駅。3層の高架駅で上層がプラットホーム、2層目に改札口や駅事務室などがあり、2層目に位置する出入口はペデストリアンデッキとつながり、同デッキ下のバスターミナルと結ばれている。
◎京王多摩センター・小田急多摩センター　1990（平成2）年4月　撮影：山田虎雄

1974（昭和49）年10月に相模原線が京王よみうりランドから延伸して京王多摩センター駅が開業した。1988（昭和63）年に南大沢駅まで開業するまでは終着駅だった。3層式の高架駅で、上層に京王と小田急のプラットホームが並ぶ。
◎京王多摩センター　1980年代前半　撮影：山田虎雄

1988（昭和63）年当時の京王堀之内駅とその周辺。駅は同年5月に開業。真新しい高架駅がひと際目立つほど、周辺の建物がまばらで、現在の姿から想像できないほどだった。右奥に写るのは中央大学のキャンパス。
◎京王堀之内
1988（昭和63）年
提供：八王子市

多摩ニュータウン。右に京王永山駅、そして、その先に京王多摩センター駅。小田急が並走する。当時の相模原線はここまで。その先に南大沢があるが、将来相模原線が延伸するあたりや南大沢駅が開業するあたりは、当時は民家もまばらで、丘陵地帯が広がっていた。（建設省国土地理院発行「1/25000地形図」）

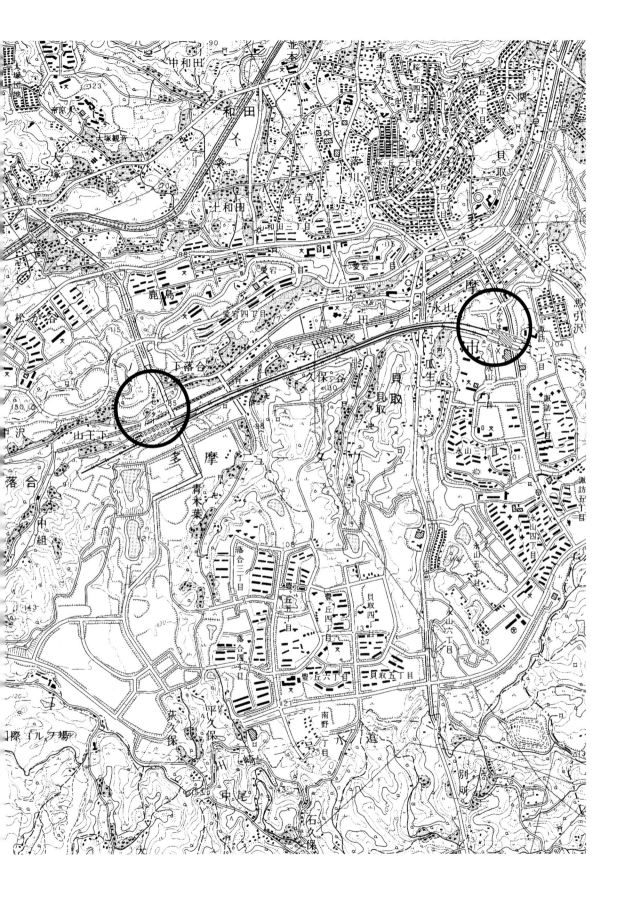

1988（昭和63）年５月に南大沢駅まで開
業した。写真は島式ホーム２面４線の設
計で建設されたことがわかる開業当時の
駅。結局は４線化されなかった。掘割に
駅があり、駅舎は橋上駅舎だが、駅の出入
口は大きな陸橋のような人工地盤に合わ
せてあるため、階段を下りる必要がない。
◎南大沢　1988（昭和63）年６月13日
撮影：荻原二郎

掘割に建設されたプラットホームに5000系の新宿行が停車中。上り線を発車した電車はこの先で丘陵地に掘られたトンネ
ルへ入り、一方で、橋本方は高架線が続く。京王電鉄で東京都町田市に所在する駅はこの駅のみである。
◎多摩境　1991（平成３）年４月　撮影：山田虎雄

駅は橋本駅までの開通の翌年1991（平成3）年に開業した。多摩境駅開業の幟が見られる開業日の駅舎。掘割の上に位置する橋上駅舎で、写真は横に設けられた出入口。駅の出入口にあわせて造成された部分とつながっている。
◎多摩境　1991（平成3）年4月6日　撮影：山田虎雄

南大沢～橋本間での用地取得が想定よりも遅れ、京王多摩センター駅から暫定的に南大沢駅まで開業したのが1988（昭和63）年だった。空撮写真はその年に撮影されたもので、掘割上に白く写るのが南大沢駅の橋上駅舎。駅周辺は多摩ニュータウン西部地区の地区センターとして整備が進んでいたが、都立大学の移転前であり、賑わいが生まれる前の様子が写し出されている。◎南大沢　1988（昭和63）年　提供：八王子市

1990（平成２）年３月に南大沢駅から延伸して京王の橋本駅が開業。島式ホーム１面２線の高架駅で、プラットホームの屋根は高架駅の側壁や側壁に沿った支柱で支えているため、島式ホーム内に支柱がない空間になっている。京王の橋本駅はJR駅の南側に位置し、写真手前にJRの線路が写る。
◎橋本　1990（平成２）年３月30日　撮影：山田虎雄

井の頭線

3000系の鉄道友の会ローレル賞受賞を記念した装飾と関係者たち。1963（昭和38）年に同賞を受賞して翌年に関係者が渋谷駅に集まった際の一枚。オールステンレス車体にFRPを使った前面形状の工夫やカラフルな前面色の採用が、都市の新時代の電車に相応しいスタイルだった。◎渋谷　1964（昭和39）年1月　撮影：園田正雄

井の頭線用の荷物電車デニ101。回送表示を付けている。元は東芝府中工場の従業員用だった電車で、京王が購入。えんじ色に白帯で短い15m級の2扉車は、ひと際目立つ存在だった。写真左上に写るのは、営団地下鉄の銀座線。
◎渋谷　1964（昭和39）年10月25日　撮影：西原 博

渋谷駅のプラットホームからの撮影。プラットホームは頭端式2面2線。写真左側の路線は在りし日の東急玉川線。玉電の名で親しまれたが、1969（昭和44）年に廃止を迎えた。◎渋谷　1964（昭和39）年10月25日　撮影：西原 博

急行吉祥寺行が渋谷トンネルを抜けて通過するところ。当時は急行表示板を使用していたが、後に急行表示は正面表示器内の幕で表示されるようになった。渋谷トンネルと反対側の神泉トンネルとの短い間にプラットホームがあり、当時は神泉トンネル内に入ってしまう車両の扉の締切りが行われていた。
◎神泉　1987（昭和62）年2月20日　撮影：荻原二郎

デハ1900形は京王線用の2700系の井の頭線バージョンで、吊り掛け駆動の旧性能車。神泉トンネル側の駅の様子が写る。プラットホームの途中に構内踏切へ降りる階段があった。写真右側のプラットホームが一見すると斜めで終端のように見えてしまうが、奥を見ると平坦な部分が続き、渋谷トンネル側へ続いている。現在は神泉トンネルが延伸され、延伸されたプラットホームを覆っている。◎神泉　1963（昭和38）年4月4日　撮影：荻原二郎

東京大学教養学部の前身、旧制一高が駒場の地に移転したのは1935（昭和10）年。井の頭線の前身、帝都電鉄が開通して2年後のことだった。東大前駅は駒場駅との統合前にあった駅。東京大学構内は踏切を渡った写真右側そば。上下線の間に駅舎やプラットホームがあり1面2線だった。
◎東大前　1963（昭和38）年4月4日　撮影：荻原二郎

帝都電鉄クハ250形257がルーツ。小田急井の頭線の大東急入によってクハ1550形クハ1557に。戦時中の永福町車庫の空襲被災で焼失した後に復旧。デハ1760形と同じ車体に載せて更新されたうちの1両で、クハ1570形クハ1573に。1952（昭和27）年にクハ1573からクハ1250形クハ1257へ改番された。
◎駒場～東大前　1954（昭和29）年12月13日　撮影：荻原二郎

駒場駅の駅舎を含んだ全体写真。東大前駅との統合によって姿を消した駒場駅の昔日の様子がよくわかる写真。相対式ホーム2面2線に小さな駅舎があり、丹頂鶴のように頭が赤いことから丹頂型と呼ばれて親しまれた電話ボックスが写る。
◎駒場
1964（昭和39）年9月27日
撮影：荻原二郎

京王で初めてのオールステンレス車3000系。現在ではステンレス車は珍しくないが、当時は都会の電車をイメージさせる存在で、井の頭線の人気をさらに押し上げた功労者と言える。前面上はステンレス加工が困難とされて強化プラスチックのFRPを採用した柔軟性も特筆される。◎駒場　1965（昭和40）年1月19日　撮影：日暮昭彦

写真は駒場駅の駅名標。駅名標に記されているように東大前〜池ノ上間に存在し、現在は存在しない駅である。西駒場駅として1933（昭和8）年に開業後、1937（昭和12）年に西駒場から駒場へ駅名改称。その後、1965（昭和40）年7月に東大前と統合され、駒場東大前駅が別の位置に開業して今日に至る。

◎駒場　1965（昭和40）年1月19日　撮影：日暮昭彦

２両編成×２時代の1000系。1000系は、井の頭線で初めての高性能車として1957（昭和32）年に登場。京王線用の2000系に似たスタイルで、京王線と井の頭線の車両スタイルの統一が図られていた時代の形式と言える。写真は前照灯２灯化後の姿。◎駒場　1965（昭和40）年１月19日　撮影：日暮昭彦

駒場駅の構内の様子。隣の東大前駅とは極端に駅間が短かった。写真の翌年にあたる1965（昭和40）年には、東大前駅と駒場駅の統合によって駒場東大前駅が異なった位置に開業する。写る3000系は両開き扉の窓がHゴム支持で、両開き扉導入後の初期編成にHゴムが見られた。◎駒場　1964（昭和39）年９月27日　撮影：荻原二郎

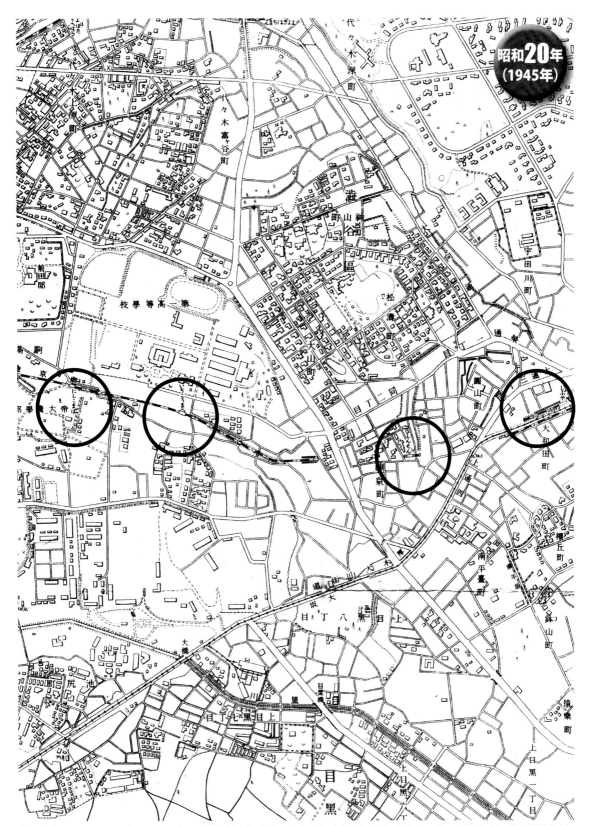

右に神泉駅があり、トンネルとトンネルの間に挟まれた駅であることがよくわかる。神泉トンネルを抜けると、第一高等学校、つまり一高の校地が右に広がり、一高前駅、そして近接して西駒場駅がある。一高前駅は1951（昭和26）年に東大前駅へ改称、西駒場駅は戦前に駒場駅へ改称しているはずだが、地図では西駒場のままになっている。
（内務省戦災復興院発行「1/10000地形図」）

小田急線と交差して上を走る井の頭線。荷物電車のデニ101が写る。プラットホームが延伸する前で、構造物によって小田急と井の頭線の連絡通路が複雑になる前の様子。井の頭線が帝都電鉄だった時代に小田急と交差して駅が開業した当時の面影を伝えていた。◎下北沢　1963（昭和38）年８月13日　撮影：日暮昭彦

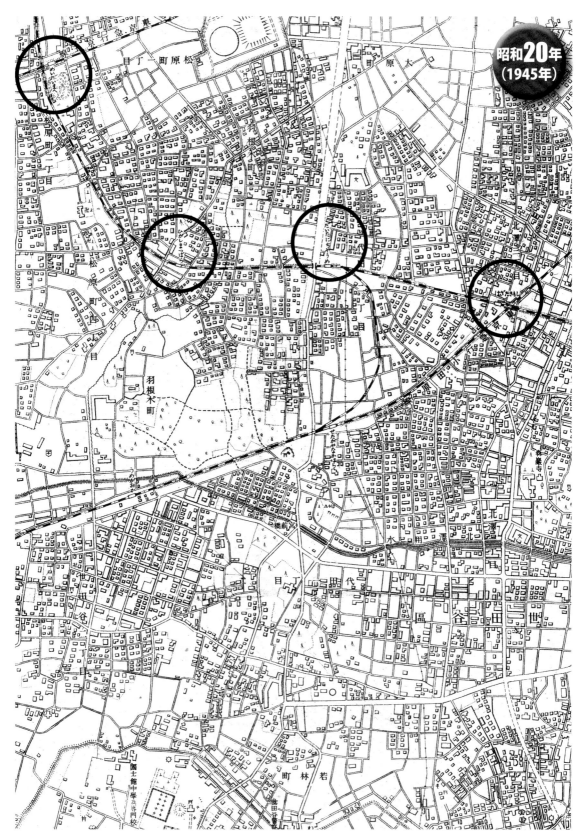

右側、下北沢で小田原線と井の頭線がクロスする。東京急行小田原線とあり、大東急時代である。小田急の帝都線も東急になり、東急井の頭線になった。代田二丁目駅（現・新代田駅）付近から分岐する路線図は代田連絡線で、存在した時期が短いだけに掲載される地形図は少ない。左へ進み、北へ向くと明大前である。（内務省戦災復興院発行「1/10000地形図」）

簡素な造りだった旧駅舎時代。プラットホームは左下に相対式ホーム2面2線。新代田への駅名改称は1966（昭和41）年だった。写真左側には井の頭線を跨ぐ道路橋があり、現在は環七通りの下までプラットホームが延伸されている。
◎代田二丁目　1962（昭和37）年5月26日　撮影：荻原二郎

代田二丁目が駅名の時代。現在は新代田駅。掘割状のところにプラットホームがあり、3000系が写る。当時はまだ急行運転は無かったが、井の頭線は各駅停車でも利便性が高く、便利な都市型交通として戦前から人気があり、ターミナル駅へのアクセスが良い。◎代田二丁目　1964（昭和39）年10月25日　撮影：西原 博

代田二丁目は現在の新代田。両隣駅とも比較的距離が近い。戦中の空襲で被災後に応急的に復旧させた旧帝都電鉄の車両に、1760形向けの新造車体を載せたのがクハ1583で、1952（昭和27）年の改番によってクハ1250形1256となった。京浜スタイルの車体で、後にサハ化されている。◎代田二丁目付近　1964（昭和39）年10月25日　撮影：西原 博

デハ1700形1702を先頭に駆けてくるところ。デハ1700形は、東急東横線へ投入予定だった新造車を戦後に井の頭線へ送ったもの。それは、戦時中の空襲で多数の車両を焼失した井の頭線が当時は大東急時代の井の頭線であったため。終戦後の井の頭線の運用を支えた同形だったが、写真当時はすでに3000系がデビューしており、デハ1700形は長軸車軸台車を備えていることから写真の翌年に京王線へ輸送力増強用に転出。改軌して使用された。なお、写真のデハ1700形1702は京王線転出にともないサハ化された。◎代田二丁目付近　1964（昭和39）年10月25日　撮影：西原 博

代田二丁目が駅名の時代。現在は新代田駅。掘割状のところにプラットホームがあり、3000系が写る。当時はまだ急行運転は無かったが、井の頭線は各駅停車でも利便性が高く、便利な都市型交通として戦前から人気があり、ターミナル駅へのアクセスが良い。◎代田二丁目　1964（昭和39）年10月25日　撮影：西原 博

デハ1800形デハ1805。張り上げ屋根のスマートな車体。日車東京支店製で、台車や主電動機を国鉄払下げ品で賄って新製された車両。戦災の応急復旧車に1800形の車体を載せた更新名義のグループもあり、そちらは1967（昭和42）年に京王線（支線用）へ転出したが、日車東京支店製は井の頭線で運用が続いた。
◎代田二丁目付近
1964（昭和39）年10月25日
撮影：西原 博

デハ1800形1801が写る。デハ1400形のうち、戦災の応急復旧車に1800形の車体を載せた更新名義のグループで、車体を東急横浜製作所（現・東急車輛製造）にて新製して更新。井の頭線での運用を経て、後に京王線（支線用）で使用された。
◎代田二丁目付近　1962（昭和37）年5月26日　撮影：荻原二郎

デハ1400形1403（２代目で元は1457）は、戦時中の空襲で被災しなかった車両。写真には運転台のヒサシが残っていた当時の姿が写り、２灯化される前の１灯の前照灯時代で、補強前のウィンドウシルやウィンドウヘッダーが見られる。
◎代田二丁目
1955（昭和30）年１月
撮影：園田正雄

デハ1900形1903。デハ1900形は1953（昭和28）年から翌年にかけて製造され、写真当時はまだ新車に近い状態だった。1953年には京王線用の2700系が登場しており、その井の頭線版と言える。２枚窓の湘南スタイルが当時としてはスマートな印象で、旧性能車ながら、新しい時代の井の頭線を感じさせた。
◎代田二丁目
1955（昭和30）年１月
撮影：園田正雄

急行表示が付く3000系。井の頭線の急行運転開始は1971（昭和46）年12月であった。急行の所要時間は渋谷〜吉祥寺間で17分。2001（平成13）年の最高速度アップまでこの所要時間だった。写真を見ると両開き扉車で、第１・２編成の片開き扉とは異なり、第３編成以降で採用された。
◎明大前
1972（昭和47）年５月12日
撮影：西原 博

戦時中の空襲により永福町の車庫や工場が被災し、車両不足を補うために大東急時代の品川線（京浜線）へ導入予定だった車両を1946（昭和21）年に入線させてデハ1710形とした。このデハ1710形のスタイルを踏襲して新製されたのがデハ1760形で、1950（昭和25）年製造の18m級車である。◎明大前　1953（昭和28）年6月　撮影：竹中泰彦

井の頭線の電車の窓は帝都電鉄由来の縦に長い窓が特徴だった。右に写るクハ1200形1202は戦災復旧車で、台枠流用で新造車体を載せ、クハ1552からクハ1558（2代目）となり、1952（昭和27）年に車番の整理が行われた際にクハ1558（2代目）からクハ1202になった。◎永福町　1954（昭和29）年8月　撮影：園田正雄

旧型車が目立つが、左奥にはオールステンレス車の3000系が写る。永福町の車庫は、井の頭線の前身帝都電鉄の開業と同じ1933（昭和8）年に開設された。富士見ヶ丘への移転前は、井の頭線唯一の車両基地で工場であった。永福町駅への待避線設置にともない1966（昭和41）年から機能の移転作業を開始し、工場の機能を完全に移した1970（昭和45）年に幕を下ろした。格納庫風の車庫が写るが、この車庫は、移転後も京王バスの車庫に使用され、後に姿を消した。
◎永福町 1963（昭和38）年6月29日　撮影：伊藤 昭

永福町車庫に並ぶ車両たち。この頃になると、2枚窓の湘南スタイルをした電車が幅を利かせるようになっていた。左に写るのは2枚窓の近代的なスタイルながら旧性能車のデハ1900形。車庫にはグリーンの車両がいっぱいで、まだオールステンレス車の3000系は登場していない。◎永福町　1961（昭和36）年12月　撮影：小川峯生

駅の北側には高級住宅地が広がり、落ち着いた雰囲気の駅舎が地上に建っていた。現在はプラットホームの延伸によって改札口などの機能が地下に潜り、それとあわせて構内踏切が姿を消した。
◎浜田山　1968（昭和43）年1月28日　撮影：荻原二郎

在りし日の永福町の車庫風景。左奥に航空機用の車庫のようなスタイルだった建屋が写る。撮影の前年12月に3000系が運用を開始。第1、第2編成の特徴である片開き扉が並んでいる。モノクロ写真からでも新しい車両のステンレスの輝きがわかるようで、台車なども美しい状態である。◎永福町　1963（昭和38）年1月　撮影：園田正雄

67年ほど前の沿線風景。当時はまだこのような長閑な風景が残っていた。写真にはクハ1200形クハ1201が走り去って行く姿が写る。このクハ1201は、元は帝都電鉄クハ250形260で、小田原急行鉄道（現・小田急電鉄）時代を経て、大東急への合併の際にクハ1550形1560となり、戦中の永福町車庫への空襲では焼失を免れた。そして、1952（昭和27）年の改番によってクハ1200形クハ1201となった。
◎高井戸〜浜田山
1955（昭和30）年3月26日
撮影：荻原二郎

水田と高台の畑だったところが次第に宅地化され、住宅地として発展。大柄な屋根が特徴だった久我山駅の旧駅舎。当時は構内踏切で島式ホームと改札口を結んでいた。現在は橋上駅舎化されている。
◎久我山　1964（昭和39）年9月20日　撮影：荻原二郎

井の頭公園駅と吉祥寺駅間での撮影で、左からデハ1400形1401（2代目、元は1405）＋クハ1250形1251＋デハ1900形1908。勾配のある築堤やカーブが見られる同区間にあって、編成を比較的すっきり撮影した写真。都市化によってビルやマンションが林立した今日からすると、鉄道写真を撮るのに古き良き時代だったと言える。
◎吉祥寺付近　1957（昭和32）年3月17日　撮影：荻原二郎

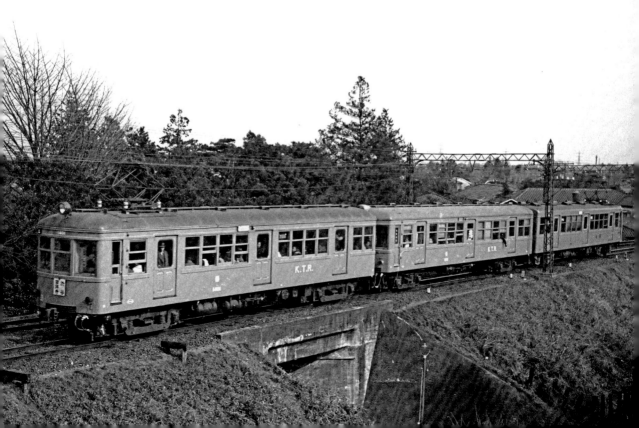

まるで地方私鉄の終着駅のようだった井の頭線の吉祥寺駅。写真奥が改札口で、中央線との連絡通路がその先にあった。開業当初の雰囲気を色濃く感じられた時代で、吉祥寺が若者の街として有名になる遥か前の様子である。
◎吉祥寺　1961（昭和36）年12月　撮影：小川峯生

戦時中の井の頭線は永福町の車庫や工場の被災により車両の供給不足が生じ、大東急時代の東横線へ導入予定だった車両をデハ1700形として1946（昭和21）年に入線させた。写真右側の架線柱にある獣医科の広告看板を見ると家畜病院とあり、現在のペット用病院の名とは趣が異なる。
◎井ノ頭公園（現・井の頭公園）　1953（昭和28）年２月　撮影：竹中泰彦

写真右側が高架駅の井の頭線吉祥寺駅。3階相当の高さである。奥が中央線で高架化工事と複々線化の工事を行っていた時期。中央線側が北口、井の頭線側が南口。北口には繁華街が見られるが畑もまだ点在していた。一方、井の頭線側の南口から井の頭公園へ向かうと、当時は水田も見られた。◎吉祥寺　1966（昭和41）年　提供：武蔵野市

井の頭線の終点吉祥寺駅の高架駅。幅の広い出入口を備えた跨線橋風の構造物が降りてきていた。右側には、たばこ、雑誌、お菓子、おもちゃ、文房具、日用品などの文字が並ぶ雑貨店があり、現在のコンビニのような役目だった。
◎吉祥寺　1960（昭和35）年12月　撮影：小川峯生

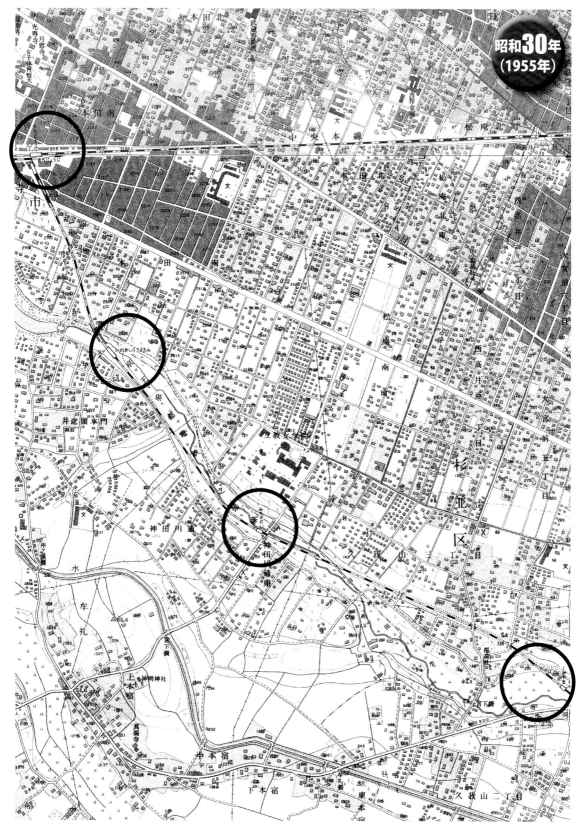

久我山駅から吉祥寺駅までの地図。久我山駅付近には水田が広がり、まだ本格的に宅地が広がっていない。三鷹台駅や井ノ頭公園駅（現・井の頭公園駅）の付近も同様で、井ノ頭公園駅の東は針葉樹のマークが点在する。同駅を出ると、中央線との接続駅である吉祥寺駅の方向へ進路を変えて進み、吉祥寺駅の高架駅に到着する。（建設省国土地理院発行「1/10000地形図」）

辻 良樹（つじ よしき）

1967年滋賀県生まれ。東海道本線沿線で育ち、地域を走る近江鉄道にも幼い頃から親しむ。東京で鉄道関係のPR誌編集を経てフリーの鉄道フォトライターに。東京在住時代は、京王沿線で暮らしたこともある。現在は滋賀県を拠点に様々なメディアで著作。鉄道考古学の研究や鉄道と旅行の歴史に関する著作も多く、国鉄（JR）から私鉄まで幅広く執筆。著書に『関西 鉄道考古学探見』（JTBパブリッシング）、『京王電鉄各駅停車』（洋泉社）、『阪神電鉄・山陽電鉄 昭和の記憶』（彩流社）など多数があり、企画本や専門誌、文化誌、旅行誌等々への執筆、写真提供も多い。

【写真撮影】

伊藤 昭、伊藤威信、裏辻三郎、小川峯生、荻原二郎、杵屋栄二、柴田重利、園田正雄、竹中泰彦、
西原 博、長谷川明、日暮昭彦、矢崎康雄、安田就視、山田虎雄、吉村光夫、毎日新聞社

【写真提供】

八王子市、武蔵野市

貫通幌による編成の併結の様子。低窓によるパノラミックウィンドウが特徴的で、当時の通勤形では大変珍しかった。当初は写真のように、えんじ色の帯が乗務員室近くでヒゲのようなデザインになっていた。
◎1963（昭和38）年8月13日
撮影：日暮昭彦

京王電鉄
昭和〜平成の記録

発行日‥‥‥‥‥‥‥‥‥‥2023年2月5日　第1刷　※定価はカバーに表示してあります。

著者‥‥‥‥‥‥‥‥‥‥辻 良樹
発行者‥‥‥‥‥‥‥‥‥春日俊一
発行所‥‥‥‥‥‥‥‥‥株式会社アルファベータブックス
　　　　　　　　　　　〒102-0072　東京都千代田区飯田橋 2-14-5 定谷ビル
　　　　　　　　　　　TEL.03-3239-1850　FAX.03-3239-1851
　　　　　　　　　　　https://alphabetabooks.com/

編集協力‥‥‥‥‥‥‥‥株式会社フォト・パブリッシング
デザイン・DTP‥‥‥‥柏倉栄治
印刷・製本‥‥‥‥‥‥‥モリモト印刷株式会社